国学经典

李 楠／主编

辽海出版社

《论语》全解

重温儒家经典 让《论语》指导现实人生

【 第四卷 】

《论语》全解编委会

前 言

在我国东周时期，周王室东迁后日益衰微，逐渐丧失了宗主地位，各个诸侯为了争夺霸主地位，开始了长期的兼并战争。

在这期间，鲁国的孔子面对"礼崩乐坏"的社会现实，痛心疾首。为了建立一种新的秩序和规则，他决心恢复周公建立的礼乐制度，提出"克己复礼"的主张，并用"仁"对"礼"进行改造，提出并完善了"仁学"理论。

孔子认为，"仁"就是"爱人"，就是对人要尊重、关心和体谅。"仁"既是每个人必备的修养，又是治国平天下必须遵循的原则。

孔子把孝悌看成"仁"的根本，他把"仁"运用到政治领域，就是重视人民，关心百姓的疾苦，就是"德治"。为了实践"仁"，孔子十分重视"礼"，主张克制自己，使自己的言论行为都符合礼的要求。

有一天，孔子的学生子贡向孔子请教："老师，什么是仁？如何做到仁？"

孔子回答："克制自己，恢复周礼，就是仁；以周礼为标准，时时处处严格要求自己，使自己的言行符合周礼，就是做到仁了！"

为了实现自己的这一政治主张，孔子经过了长达 15 年在各诸侯国的游说。然而，由于当时各诸侯国都忙于争霸，并没有谁采纳他以"仁"治国的政治主张。

颠沛流离十几年后，年近 70 岁的孔子在并未实现自己政治主张的情况下，回到鲁国，专事讲学和历史文献的整理，并把自己的政治主张和思想抱负倾注于笔端，成为我国历史上私学的开山鼻祖，开创了影响我国知识分子 2000 多年的儒家学派。

孔子一生从事教育事业达 40 多年之久，门生众多。据史料记载孔子弟子有 3000 人，其中才华出众、品德优良者 72 人。

孔子去世后，他的主要弟子及其再传弟子将孔子的言行整理成书，书名叫《论语》，内容包括孔子谈话、孔子答弟子问、弟子之间的相互讨论以及弟子对孔子的回忆等，集中体现了孔子的政治主张、论理思想、道德观念及教育原则等。

《论语》作为一部涉及人类生活诸多方面的儒家经典著作，许多篇章谈到做人的问题。

孔子认为，一个人要正直，只有正直才能光明磊落，只有心中坦荡，做事才没有担忧。

做人要重视"仁德"，这是孔子在做人问题上强调最多的问题之一。在孔子看来，仁德是做人的根本，是处于第一位的。孔子还认为，只有仁德的人才能无私地对待别人，才能得到人们的称颂。

孔子提出仁德的标准，这就是刚强、果断、质朴、语言谦虚的人接近于仁德。同时他还提出实践仁德的 5 项标准，即："恭、宽、信、敏、惠"，即恭谨、宽厚、信实、勤敏、慈惠。他说，对人恭谨就不会招致侮辱，待人宽厚就会得到大家拥护，交往信实别人就会信任，做事勤敏就会取得成功，给人慈惠就能够很好使唤民众。孔子说能实行这五种美德者，就可算是仁了。

孔子强调做人还要重视全面发展。他说："志于道，据于德，依于仁，游于艺。"意思是说，志向在于道，根据在于德，凭借在于仁，活动在于"六艺"，即礼、乐、射、御、书、数。只有这样，才能真正地做人。

《论语》成书于战国初期，自古以来就是我国首选的启蒙读物，是我们中华民族古往今来的"同一本书"，共同的话题，共同的语言，共同的思维之道和共同的价值观。

《论语》作为一部涉及生活诸多方面的儒家经典著作，语言简洁精炼，含义深刻，具有深刻的内涵，对我们广大读者具有极大的借鉴意义。

《论语》是研究孔子思想的主要资料。一部《论语》，将孔子及其门生有限生命融到无尽的历史中，创造了我国古代光辉的人文主义精神，被后人誉为"天不生仲尼，如万古长夜"，"半部《论语》治天下"。

《论语》作为国学经典，是我们中华民族五千年的文化精髓，其中蕴涵着丰富而深刻的人生智慧和处世哲理，是经过千百年的历史洗礼和多少代人实践检验过的，是我们广大读者学习的必备精神食粮。我们广大读者阅读《论语》，能够秉承仁义精神，学会谦和待人、谨慎待己、勤学好问等优良品行，使我们成为内外兼修的未来精英。

我们广大读者阅读《论语》，就如同师从贤哲。阅读圣贤之书，与圣贤为伍，是我们精神获得高尚和超越的最高境界。

在如今社会处于转型的时期，充斥着各种各样所谓的现代文化，良莠不齐，纷繁杂芜，作为我们广大读者，应该慎重从文化杂烩中精挑细选最好的、最纯的、最精的文化知识进行学习，以便促进我们健康发展，那么《论语》就是我们最佳的选择。

作为国学经典的《论语》，并非陈旧过时，可以说能够适应任何时代的需要，且不同的时代都可以进行新的解读，都有时代的新意。我们要古为今用，活学活用，在新的时代推陈出新，进行新的解读，赋予新的内涵，不断发扬新的精神。

为此，我们特别编撰了这套《论语》读本，主要是根据广大读者学习吸收的特点，在忠实原著基础上，除了配备原文外，还增设了简单明白的注释和白话新解，同时还配有相应启迪故事和精美图片等，图文并茂，生动形象，非常易于阅读和理解，是广大读者学习《论语》的最佳读物，相信大家从中会获得新的感受和新的意蕴。

目 录

谢定住三番打虎救母

明代开国皇帝朱元璋倡行孝道，到明成祖朱棣时，孝悌正统教育一直在发挥着作用，以至于当时的年少之人也深受孝悌思想的熏陶。明代永乐年间的少年谢定住就是一个例子。

在当时，河北广昌住着一户人家，夫妻两人抚养着几个年幼的小孩。老大名叫谢定住，13岁那年，他的父亲为了生计，到外面做工去了，家里只有母亲带着他和弟弟。可是，父亲走后不久，从太行山下来了一只凶猛的老虎，从此，村里就不得安宁了。

起初，老虎只是晚上偷偷地跑下山来，溜进村子，偷袭家禽牲畜，后来，大白天也经常窜至村里袭击单独行走的村民。一时间，人心惶惶。为防不测，人们下田干活都成群结队，还得带上棍棒之类的防身武器。日子一久，好多人家厌烦了这种提心吊胆的日子，干脆搬到城里去住了。

但是，谢家不想搬，因为好心的邻居纷纷前来劝说，谢母总是说："我只是个妇道人家，还带着两个孩子，除了种地，还能干什么呢？我们在这里好几亩田，今年庄稼长得不赖，盼望有个好收成，要是搬迁了谁来伺候庄稼呢！"

"可是，这只老虎很厉害呀！如果遇上它，那就太危险了！"人们好言相劝。

没想到，谢定住这时却大声回答道："要是真遇上了老虎，我们会想办法对付，不把它打死，也要把它赶走！"

众人啧啧称赞谢定住小小年纪就有这样的胆量。谢母也为自己有这样的儿子而感到骄傲。

一天过午，定住把小牛牵到不远的山坡上吃草，然后回来帮母亲干活。太阳快落山了，谢定住想起小牛来，就急匆匆地跑到山坡。到这一看，小牛不见了。这下子他可傻了眼，急得两眼直冒火星。这时，母亲因不放心也抱着弟弟来了。发现小牛不见了，焦急万分，那可是谢家的命根子啊！娘俩一商量，决定到山上去找。

母亲抱着弟弟走在前头，定住拖着一根棍子跟在母亲身后。越走山越险，草越茂，娘俩心越急，天色越来越暗。他们刚走近一棵大树附近，一只猛虎从树后纵身跳出，张开血盆大口，把谢母扑倒在地。

谢母猝不及防趴在地上，用身子紧紧护着孩子。就在这危急关头，谢定住抡起手中的粗木棒，用尽全身力气，朝老虎狠命砸了下去。老虎受到突然打击，大吼一声逃走了。谢定住赶忙扶起母亲，抱起弟弟。

谢母惊魂未定，再也无心找牛了，拉着谢定住往家里跑。不料，那老虎没有逃远，它见后面没有动静，又转过身往回走，躲在大树后边。

谢母带着孩子没走几步路，只觉得身后卷来一股凉风。谢定住赶紧回头，却见老虎的前爪已搭在母亲肩上，他连忙放下弟弟，抡起手中的粗木棒，对准老虎的天灵盖，狠狠一棒。

这一棒子打得很准，老虎的前眼和鼻子被打得出了血，痛得"吼——吼——"地叫了几声，往林中逃去。

这时，谢母吓得双腿直哆嗦："定住啊，我们恐怕逃不掉了。这只老虎这样紧追不舍，看样子是只饿虎，我已经走不动了。"

谢定住从地上抱起弟弟，扶着母亲，显得非常镇定，还安慰母亲说："娘，不要怕，我不是已经打跑了它两次吗？它要再来，我非把它打死不可！"

听了儿子这番话，母亲也渐渐镇定下来了。谢定住一手抱着弟弟，一手搀着母亲，三步并作两步往家里赶。

岂料，那老虎似乎不达目的不罢休，乘人不备，又紧紧跟了上来。

谢定住偶一回头，见老虎就在身后不远处，心里不免有点惊慌，但他还是压低了声音，镇定地对母亲说："快走，老虎又来了！"

话音刚落，老虎扑了上来。一口咬住谢母的腿，拼命往后拖。谢母大叫起来。目睹这情景，谢定住既惊慌又焦急，但他很快镇定下来，放下弟弟，大声吆喝。此刻他心里只有一个信念，一定要把母亲从虎口夺下来。

老虎大概被吆喝声镇住了，松口放下谢母，竟一动不动站在原地，惊恐地东张西望。就在这一霎间，谢定住运足力气，搬起一块石头，猛砸过去。这一下不偏不倚，正好砸在老虎的眼睛上。顿时，老虎血流满面，疼痛难忍，连连摇头摆尾。

就在谢定住绕到树后再要搬起石头时，老虎却转身带伤朝远处逃去。老虎被打跑了，母子3人终于化险为夷。

走进家门一看，小牛正趴在槽下倒嚼呢！原来它跑到了人家的庄稼地里，被邻家给赶回来了。

第二天，谢定住勇斗老虎的事在村里传开了，村民们无不钦佩他的胆量和勇气。有的说："定住，你真了不起，3次打跑了老虎。"还有的问："定住，当时你就不怕吗？"

对别人的称赞和发问，定住总是腼腆地说："我只想打跑老虎！救下母亲。"

谢定住打虎救母的事迹从此传开了。1415 年，明成祖召见了谢定住，大加赞扬，又给他家送了一块"打虎救母"的匾。还特地命人建了一座"孝勇"牌坊，以表彰谢定住的孝心和斗虎勇气。

陈世恩感化弟弟走正道

在明神宗一朝，出现了一个注重同胞友爱的人，这个人就是陈世恩。

陈世恩是万历年间的进士。他有兄弟 3 人，长兄是一个学问道德都很好的人，孝顺廉洁，得到乡里的敬重。

陈世恩在家里排行第二，当时还没有成就。但是德行也如兄长一样为众人所称许，尤其是他那种谦逊有礼、平易近人的态度，更让人敬佩。

最小的三弟由于与他们相隔的岁数比较大，父母对这个儿子不免有些宠爱，因此长大了之后，就整日无所事事，东游西逛，结交了一帮不好的朋友。他每天到处游荡，经常是一大早就不见了人影，深更半夜才回来。

俗话说"长兄如父"。三弟的年少轻狂，大哥看在眼里，急在心头。假如三弟不成器，自己该如何向高堂老父母交代，又如何对得起列祖列宗呢？

于是，只要有机会，大哥就把三弟叫到一边，苦口婆心地劝他："三弟呀，不要再在外面游荡了，要早点回家，免得让家人担心啊！"

三弟正是年轻气盛的时候，大哥劝一两次还罢，次数多了，他不但听不进去，还开始对大哥反感起来。以后他见到大哥就躲，实在躲不过就勉强听着，也是左耳进、右耳出，只要有机会就溜出去。一见到那帮朋友，觉得比自己的哥哥亲多了。

俗话说"逸则淫，淫则忘善"，三弟因为放荡自己，不免越发离不开这帮一起吃喝玩乐的朋友，心里还怪大哥多管闲事。大哥看到三弟不仅不听自己的规劝，依然我行我素，并且比以前有过之而无不及，心里十分痛苦、烦闷。

陈世恩见此情景，就和大哥促膝长谈。大哥想到自己的好心却不被弟弟所接受，不禁有些激动，说："我如此煞费苦心地劝告三弟，他却愈发变本加厉。公然以不良的行为对我，难道是我哪里做错了吗？"

陈世恩把手按在哥哥的手上，对他说："大哥，你的心是为弟弟好，这个没错，我对弟弟的行为也很担忧。但是你对弟弟讲话的时候，语气太直接了，年轻人恐怕面子上挂不住，并且还会伤到他的自尊心，对他来讲一点益处都没有。"

大哥听了这话，很是纠结。陈世恩说："这样吧，你给我一段时间，由我来劝他，你暂时先放下这件事。"陈世恩和大哥就这样说定了。

当天晚上，陈世恩手里拿着院子大门的钥匙，站在门外等弟弟回来。

此时，月朗星稀，月光下，有一条路通向村外，路旁长着茂密的桑树和梓树。陈世恩不禁回想起弟弟小时候天真可爱的模样。唉，时

间过得真快，哥哥已年过半百，自己也到了不惑之年，弟弟也一眨眼就长成了大小伙子了，手足之情，弥足珍贵啊！

一阵清凉的风吹来，陈世恩感觉身上有些发冷。弟弟还是没有回来，他想到弟弟一大早出去，也不知衣服穿够了没有？再说，在外面闲逛，都是一帮不经世事的年轻人，怎么照顾得好自己？饿一顿，饱一顿，唉，弟弟的脸色好像是比以前差很多了。

夜深人静了，家家户户都已歇息，人们都已进入了香甜的梦乡，陈世恩还在门外徘徊，耐心地等待着弟弟的归来。

突然，在月光下，陈世恩发现对面走来一个瘦长的身影，根据身形判定是弟弟。他高兴地说："是三弟吗？"

"啊？是二哥呀！"弟弟没有料到是二哥在等他，意外之下显得有点不知所措。

"赶快进来吧，外面冷。"陈世恩看着弟弟走进院子，就亲自把院门关起来，并且把锁锁上。

弟弟以为二哥开始要教训他了，没想到耳朵边却传来二哥亲切的问候："你吃晚饭了没有？冷不冷？"

"噢……吃了，不冷。"弟弟说完，就匆匆忙忙地回到自己房间去了。

第二天一大早，弟弟又溜出去了，仍然是一整天也没有回来。这天晚上天气很糟糕，刮着大风，下着大雪，但陈世恩和前一天一样，晚上仍在院子门口等弟弟。

弟弟没想到这样的天气二哥还在等他，不免有些心虚，站在院子外不好意思进来。

陈世恩笑着说："自己家门都不进了吗？外面好大的风雪，赶紧进来吧，我来锁门。"

弟弟进门后，陈世恩照旧把院门锁好，他闻到弟弟身上有一股酒气，关切地说："喝酒了，难受吗？我刚好泡了一杯浓茶，你喝了可以解解酒。"

说罢，陈世恩就把弟弟带到自己房间，看他喝了茶，漱了口，嘱咐他早点歇息。

这一次，弟弟可有些睡不着了。假如二哥也像大哥那样骂自己几句，自己倒觉得无所谓，但是二哥却半点也没责怪自己。

弟弟回想起自己在外面花天酒地的情形，觉得脸上有些发烧。又想到自己从小到大，两位哥哥对自己疼爱有加。尤其是二哥从来都是无微不至地照顾自己，想到这些他心里觉得特别亲。

此后连续几天，弟弟在外面开始待不住了，眼前尽是哥哥深夜翘首企盼自己归家的身影。他对朋友们提出要先告辞，朋友们嘲笑他说："急什么？难道怕家里的大棒槌吗？"弟弟只好又和他们玩到天黑。

弟弟赶回家一看，二哥又是一脸关切地抚着弟弟的肩头，问他有没有哪儿不舒服的地方。手足间真切担忧关怀的神情溢于言表。

弟弟不觉羞惭交加，感到太对不起哥哥和家里人了。他鼻子一酸，"哇"地一下哭出声来，跪下去对二哥说："我错了，请二哥责罚！"

陈世恩也激动不已，他高兴地说："好，好，回来就好，哥哥知道你会自己醒悟的。"

从此以后，弟弟像换了个人一样，再也不和那帮朋友一起混了。在两位哥哥的精心教导下，弟弟认真学习，发奋图强，后来成了一位德才兼备的人。

陈世恩发达时他的兄长已经去世了。有一次，他嫂子的弟弟来看姐姐，陈世恩见他衣服破烂，就关切地问候他。

陈世恩的弟弟就问："你为什么能对嫂子的弟弟这么好？"

陈世恩就说："嫂子没有子女，年轻时就为哥哥守节，所以也要敬重嫂子以及她的家人。"

弟弟听了这话，再一次被深深地感动了。

事父母几谏

陈世恩有两个儿子，陈陞和陈陛，他们在父亲的影响下，刻苦用功，后来均考中进士，在朝为官。这是一个普普通通，充满了人情味的故事，脍炙人口，广为流传。毕竟，家才是一个人最温暖的港湾，兄弟之间相互扶持才能风雨同舟。

沈云英忠孝彪炳千秋

明初提倡的"孝悌之道"在明代被贯彻始终，明代末年又出现了一个堪称既忠且孝的女英雄，她就是沈云英。

当时，在浙江萧山的一个叫作长巷村的地方，有一个女婴出生了。这个女孩刚一出世，就满面英气，秀丽端庄。女婴的父亲沈至绪十分喜爱，给她起了一个好听的名字：沈云英。她是独生女儿，又是沈家的掌上明珠，沈家没有儿子，就把沈云英当作男孩子来养。

沈至绪从小就教沈云英读书识字，沈云英聪明伶俐，什么东西一学就会，七八岁的时候，就已经能写出一手锦绣文章来了。但是她最爱读的，是一本叫《春秋胡氏传》的书，而且能够倒背如流，让左右的邻居都十分羡慕。

沈云英不仅喜爱读书写字，还热爱刀枪棍棒。她的父亲沈至绪从小习武，是远近闻名的武术高手。在父亲的影响下，沈云英也偷偷地练习起了武艺。

可是，女人习武这种事，在古时候那是不被允许的，属于离经叛道。有一次，母亲发现了沈云英在练武，就教训她说："你一个女孩子家，不好好地做些针线女红，拿着刀呀棍的干什么，也不怕被人家笑话！"

可是沈云英却笑着说："娘，天下人都看不起女人，以为女人只能煮饭洗衣，可是咱们女人什么时候不如男人了？我就是要给天下的女人争一口气。"

这件事被沈至绪知道了，通情达理的父亲不仅没有教训女儿，反而为女儿的话而感到高兴，认为她言谈不俗，是个有出息的孩子，所以正大光明地指点起女儿的武艺来。

明王朝是个看重文臣、轻视武将的朝代，但是到了明代末期，天下多事，四方盗贼蜂拥而起，于是皇帝渐渐偏重于武将的选拔，每3年都会举行一次武举考试，为朝廷招揽人才。

沈至绪听说这个消息后，兴奋异常，决定到京师去参加武举，而此时的沈云英已经13岁了，嚷嚷着也要跟随父亲前去。于是，父女两人带好路上的旅费，结伴去了京城。

京城的繁华，让沈云英看花了眼，威武雄壮的都城，使她长了不少见识。而父亲沈至绪也不虚此行，不仅取得了好成绩，还被朝廷留在京城担任武官。

从此，沈云英就随着父亲定居下来，母亲也被接了过来。在京城的几年里，沈云英没有放弃读书识字和习武，她认为自己的一身本领，总有一天会用得上。而且，她一直以古代的花木兰为榜样，期待着有一天，能够帮助父亲建功立业。

一晃又过了 4 年，沈云英已经长成了亭亭玉立的少女。而此时的天下却越来越乱，父亲沈至绪这时候接到了朝廷的任命，让他到湖北省的道州城担任守备。

来到道州，沈至绪受到了湖北地方长官的热烈欢迎，在欢迎宴上，有一双热切的目光悄悄地盯住了美丽动人的沈云英，这人是湖北的一位都指挥使，名字叫贾万策，还没有娶妻。

贾万策仪表堂堂，为人朴实谦和，所以沈至绪也对他十分看重。没过多久，沈云英就和贾万策结成了夫妻。贾万策的驻地在荆州，沈云英嫁人之后，不得不和丈夫两地居住。

1643 年，有一天，沈云英正在家里看书，有消息传来，有一支庞大的流寇队伍已经进入到湖北省境内，并且正分兵向道州杀来。担任守备的沈至绪，急忙集合队伍，准备到城外抵御强敌。临出发前，沈云英骑马来到父亲跟前，说什么也要随父前去。

沈至绪知道此去的凶险，一口回绝了女儿的请求。但是经不住沈云英的软磨硬泡，只好嘱咐守城的兵将，一切听从女儿的指挥。沈至绪告诉女儿，坚守城池同样非常重要，沈云英只好委屈地答应了。

父亲走后，沈云英焦急地奔到城头去等候消息，足足等了一天，终于看到明军归来的队伍。可惜的是，里面却没有父亲。

原来，沈至绪率军出征之后，在道州不远处的麻滩驿与敌军相遇。沈至绪率军猛烈进攻，把敌军打得落花流水。但是，在追击敌军的过程中，他不幸被炮火击中，负伤落在马下，随后被敌军杀害。

听到父亲阵亡的消息，沈云英没有像其他女孩子那样，立刻号啕大哭，而是咬紧牙关，强忍住悲痛的泪水。

此时，敌军已经来到道州城下，开始猛烈攻城。沈云英不畏强敌，沉着指挥，守城的将士看到一个女孩子都这么坚强，立刻信心百倍，英勇地给予敌人以沉重的打击。

敌人看见强攻没有奏效，于是一边在道州城外安营扎寨，准备长久围困，一边把沈至绪的尸体抬了出来，在两军阵前百般凌辱，想用这样的方法，瓦解城内的士气。这一招果然奏效，城内的百姓和守军看到沈将军已经阵亡，立刻人心惶惶，士气涣散，道州城危在旦夕。

沈云英心如刀割，但她知道此时应该以大局为重。为了稳定军心，她登上高台，大声说道："大家不要慌乱，沈将军是为国牺牲，我是他的女儿，自然要继承他的遗志。敌兵虽多，但是不要害怕，我虽是女孩子，愿意第一个冲进敌营，为道州流尽最后一滴鲜血。"

说完，她穿好盔甲战袍，挑选了 10 多名勇敢的士兵，勇敢地冲出城去。挑衅的敌军没有想到城内的守军居然敢冲杀出来，而且只有这么几个人，一时间没有准备，立刻大乱起来。

沈云英骑马冲进敌人队列之中，一杆长枪左挑右刺，数十名敌军死在了她的枪下。

敌军丢下沈至绪的尸体，开始抱头鼠窜。等到他们回过神儿来的时候，沈云英已经带人抢回了父亲的尸体，回到了道州城内。

沈云英的英勇无畏，激励了道州城内的所有百姓，大家纷纷拿起武器，自发地来到城头打击敌人。没过多久，敌人彻底败退了，道州城转危为安。

沈至绪去世以后，道州城内没有守备，大家都自发的听从沈云英的命令。湖广巡抚听说了这件事情，急忙把沈云英的功劳上报给了朝廷，并说沈云英的勇猛善战，一般的男子汉都比不上。

没过多久，朝廷就传来了诏旨，除了为沈至绪赠官和建立祠堂之外，还封沈云英为游击将军，继续带领兵民守卫道州。

沈云英忍痛接旨，她成为明代开国以来，绝无仅有女游击将军。但是，沈云英刚刚担任游击将军的职务，前方又传来一个噩耗，她的丈夫贾万策在战斗中不幸牺牲了。短短的时间之内连续失去了两位亲人。听到这个消息，她当场晕了过去。

丈夫的尸体很快运到了道州，坚强的沈云英终于忍耐不住，痛哭了整整一天。

按照明代朝廷的规定，官员的父母亲人死去后，都要守孝 3 年。沈云英虽然是女人，但是她熟读史书，深明大义，所以给朝廷写了一封奏折，请求回乡。

朝廷很快就答应了。于是，年轻的沈云英，带着父亲和丈夫的遗体回到了家乡萧山县长巷村。可是，天下的形势出现了变动，明王朝很快灭亡了，而关外的清兵进入了关内，并且打到了浙江省境内。

沈云英满腔悲愤，准备投水自尽以死报国，最终被年迈的母亲劝止。于是她在家乡办起了私学，并且亲自带领族中子弟学文习武，以求培养有用的人才。

沈云英在明代灭亡后一直郁郁寡欢，终于在 39 岁那年，怀着报国无门的悲愤，溘然逝去。沈云英去世后葬于衙前境内水搬山上。

她的故里长巷有"云英将军讲学处"，长巷沈氏宗祠内留存"将军讲学处"石匾，这通石匾永久留存于长巷村沈氏祠内。

沈云英虽然长眠在家乡，但是她的高风亮节、豪侠风范和传奇故事，却成为一面鲜亮的旗帜，光耀后世，在古代的巾帼史册上添写了浓墨重彩的一笔。后人有诗赞道：

> 异军攻城围义兵，娥眉汗马解道城。
>
> 父仇国难两洒雪，千古流芳忠孝名。

古者言之不出

子曰："古者言之不出，耻^①躬之不逮^②也。"

子曰："以约失之者鲜矣。"

子曰："君子欲讷^③于言而敏于行。"

子曰："德不孤^④，必有邻。"

子游曰："事君数^⑤，斯辱矣；朋友数，斯疏矣。"

【注释】

①耻：以……为耻。

②逮：及，赶上。

③讷：迟钝。这里指说话要谨慎。

④孤：孤单、孤立。

⑤数：屡次、多次，引申为烦琐的意思。

【解释】

孔子说："古代人不轻易把话说出口，因为他们以自己做不到为可耻啊！"

孔子说："用礼来约束自己还是要犯错误的人，很少。"

孔子说："君子说话要谨慎，而行动要敏捷。"

孔子说："有道德的人是不会孤立的，一定会有人来与他亲近。"

子游说:"侍奉君主太过烦琐了,就会受到侮辱;对待朋友太烦琐了,就会被疏远。"

孔子一贯主张谨言慎行,不轻易许诺,不轻易表态,如果做不到,就会失信于人,你的威信也就降低了。所以孔子说,古人就不轻易说话,更不说随心所欲的话,因为他们以不能兑现许诺而感到耻辱。

【故事】

汉景帝刘启勤俭治国

公元前157年,汉文帝崩,皇太子刘启即位,这就是汉景帝。但在即位不久,就爆发了以吴王刘濞为首的7个诸侯的叛乱,史称"吴楚之乱",或"七国之乱"。

汉景帝刘启面临着一次重大考验。刘濞是刘邦的侄子,曾被刘邦立为吴王。此后吴王刘濞开设铜矿,铸"半两"钱,煮海盐,设官市,免赋税,于是吴国经济迅速发展,他的政治野心也逐渐膨胀。

刘启即位后不久,刘濞诛杀了汉景帝为"削藩"派下来的官员。随即率20万大军西渡淮水,联合楚军,杀汉军数万人,颇见军威。然而,刘濞的叛乱在汉景帝的迎击下,联军很快瓦解,最后彻底失败。

汉景帝平定吴楚之乱后,迅速抓住这一有利时机,大刀阔斧实施改革。

在加强中央集权方面,汉景帝采取3项措施:

一是调整诸侯王国的设置。汉景帝对参加叛乱的七国,除保存楚国另立楚王外,其余六国皆被废掉。

二是继续大力推行削藩。汉景帝把诸侯王国领郡由高祖时的42郡减为26郡,而中央直辖郡由高祖时的15郡增加至44郡,使汉郡总数大大超过诸侯王国郡数。这一变化，对于国家统一，加强中央集权，意义十分重大。

三是抑贬诸侯王的地位。汉景帝剥夺和削弱诸侯国的权力，收回王国的官吏任免权，并且收夺盐铁铜等利源及有关租税。此后，诸侯王已经不再具有同中央政府对抗的物质条件。

汉景帝经过改革，汉初推行的诸侯王国制，至此发生了明显的变化，诸侯王在名义上是封君，实际上"唯得衣食租税"而已，但诸侯王势力并未彻底剪除，以致后来汉武帝不得不继续采取相应的措施。

在军事上，汉景帝为了有效遏制匈奴的进犯，维护国家安全，采取了如下方针和措施：

一是张弛有度，也战也和。汉景帝时期，强大的匈奴骑兵南下进击汉地，到处烧杀抢掠，严重威胁西汉王朝统治。而此时汉朝社会经济有了恢复和发展，但是要战胜匈奴，条件仍不成熟。

在这种情况下，汉景帝采取有战有和，和多战少，以和为主的策略。比如坚持和亲，在一定程度上缓和了军事冲突，为经济发展赢得了时间，为以后汉武帝反击匈奴做了准备。

但也不失时机地反击匈奴，在战斗中涌现了李广等一批卓越的将领。匈奴人一听李广的名字，就感到害怕，以致他们称李广为"飞将军"。

二是鼓励养马，强化马政。汉景帝下令扩大设在西边、北边的马苑，而且鼓励各郡国及民间饲养马匹。由于汉景帝时期养马业的大发展，军马生产颇具规模，属于官府的马匹发展到了40万匹，民间的尚且未计。

三是兵农混一，屯垦戍边。汉景帝将大批徙民充实于边地，使之成为一支兵农混一的垦戍队伍。戍边措施不但减轻了内地百姓的徭役，而且争取到一个安定的社会环境。

在政治上，汉景帝继续执行黄老无为政治，具体体现在以下方面：

一是重农抑商，促进生产。汉景帝推行重农抑商的国策，多次下令郡国官员以劝勉农桑为首要政务。允许居住在土壤贫瘠地方的农民迁徙到土地肥沃、水源丰富的地方从事垦殖，并租田给无地少地的农民。

同时，还多次颁诏，以法律手段，打击那些擅用民力的官吏，从而保证了正常的农业生产。汉景帝曾两次下令禁止用谷物酿酒，还禁止内郡以粟喂马。

二是轻徭薄赋，约法省禁。汉景帝时期，对农民的赋役剥削和法律压迫，较以前有所减轻。所谓约法省禁，就是法令要西汉帛书简约，刑网要宽疏。

汉景帝在即位伊始就颁布了诏令，收取文帝时十五税一之半，即三十税一。从此，这一新的田租税率成为西汉定制。

在降低田租的第二年，汉景帝又下令推迟男子开始服徭役的年龄三年，缩短服役的时间。这一规定一直沿用至西汉昭帝时代。此外，汉景帝在法律上实行轻刑慎罚的政策，强调用法谨慎，增强司法过程中的公平，还对特殊罪犯给予某些照顾。

三是发展教育，打击豪强。汉景帝时期，由于社会经济的恢复及发展已达到相当的程度，所以统治阶级上自汉景帝，下至郡县官都逐渐重视文教事业的发展。首创了郡国官学，对文化的传播起了重要作用。

汉景帝一面弘扬文教礼仪，一面又打击豪强。为了保证上令下达，汉景帝果断地采取了多项措施。比如在修建阳陵时，效法汉高祖迁徙豪强以实关中的做法，把部分豪强迁至阳陵邑，使他们宗族亲党相互分离，削弱他们的势力，以达到强干弱枝的目的。

再如任用酷吏镇压那些横行郡国、作奸犯科者，收到了杀一儆百的功效，使那些不法豪强、官僚、外戚等人十分恐慌，其不法行为大大收敛，这便局部地调整了阶级关系，有利于社会的发展。

由于推行了上述措施，进一步促进了社会经济的稳定和发展。人口翻番，国内殷富，府库充实。据说，汉景帝统治后期，国库里的钱堆积如山，串钱的绳子都烂断了；粮仓满了，粮食堆在露天，有的霉腐了。

公元前 141 年初，汉景帝患病，病势越来越重。不久，汉景帝病死于长安未央宫，享年 48 岁。葬于阳陵。

华歆机智讲信用

华歆、王朗同是三国时代的人。一次战乱中，他们两人被追兵撵到长江边。慌乱中，他们找到一条船。正要开船，岸上又跑来了一个人呼喊求救，也要搭乘这条船逃往对岸。

华歆看到这个情景，为难起来，在一边沉默不语。那人见他犹豫不决，也不好开口。这时追兵越来越近。王朗着急了，忙对华歆说："就让他搭船吧！正好船上还有地方，为啥不帮他一把呢？"

就这样，那人也与华歆、王朗同乘一条船往对岸逃跑。船行到江中心，追兵已经赶到岸边。他们看见华歆、王朗的船，便纷纷下水泅渡追赶。泅水的士兵离行船越来越近。划船的艄公累得筋疲力尽，船的速度越来越慢。

王朗见此情景，开始着慌了，便打算赶一同逃难的那人下船。华歆连忙阻止王朗说："我当初所以迟疑，不答应，正是怕出现这样的情况。我们既然已经答应人家同船逃难，怎么能中途丢弃人家呢？"

王朗被说得无言以对，只好照华歆的话办。追兵泅到江心渐渐累了，泅水速度便慢了下来，与华歆他们的船距离又逐渐拉大了。

就这样，行船胜利地划到对岸，华歆、王朗及那人摆脱了追兵，顺利地逃出虎口。这件事传开后，人们都赞扬华歆办事讲信用，说话算话，在任何情况下也不变卦。

张衡精通天文地理

张衡（78 ~ 139），东汉时期发明家、科学家、文学家。创造出了世界上最早利用水力转动的浑天仪和测定地震的地动仪。第一次证明了月食的成因。从小聪慧过人，对日月星辰特别感兴趣。10 岁时，能够熟读《诗经》，并能背诵并理解文中意思。

东汉章帝建初三年，即公元 78 年，由于自然灾害的影响，田野荒芜，粮食奇缺，百姓们靠挖野菜、剥树皮过日子，沿街乞讨、卖女卖儿的惨景随处可见。

在荆州南阳郡西鄂县（现河南南阳市）一个破落的地主家庭里，一位伟大的天文学家诞生了。父亲为他取名张衡，字子平。一家人看着这个刚刚出世的孩子，悲喜交加。

张衡从小聪慧过人，对日月星辰特别感兴趣，瞬息万变的大自然奥秘，更使小张衡着迷，脑子里装满了提不完的问题，小小年纪提的问题有时连父母和奶奶都无法解答。

有一次，张衡跟着妈妈去挖野菜，太阳刚从东方升起，小张衡发现自己的影子比自己长，可到了中午自己的影子却缩成了一团。

从此以后，当他看见自己的影子缩成一团时，就催促妈妈赶快做午饭。

张衡少年时家境十分贫穷，但父母还是想方设法送他去书馆读书。

张衡不仅天资聪明，而且读书非常用功。并对其中的天文、历法背得很熟，而且通过阅读大量其他书籍，理解了文中的意思。

有一次，先生给学生讲《诗经·豳·七月》中的诗句："七月流火，九月授衣，"先生解释"流火"是指"落下的、一晃而过的大火星。"

学生好奇地问："'大火星'是天上哪一颗星星？"

先生含糊不清地回答道："就是我们常看到的流星。"

张衡却站起来说出了与先生截然不同的解释。他井井有条地说："先生，那'流星'是28宿中的荧惑星（即火星），'流'不是落下的意思，而是荧惑星偏西向下的意思。"

接着，他又根据自己所读过的《史记·天宫书》《淮南子·天文训》等天文书籍，滔滔不绝地说起了星宿与北斗星的区别。

他一边用手在空中比画一边说：

"'北斗星'是由天枢、天璇、天玑、天权、玉衡、开阳、摇光七星组成的，随着季节的变化，'斗身'和'斗柄'的朝向不同。"

张衡的精彩解说使他的同学听得入了迷，令先生对他刮目相看。

古者言之不出

子谓公冶长

子谓公冶长①："可妻也，虽在缧绁②之中，非其罪也！"以其子③妻之。

子谓南容④："邦有道⑤不废⑥，邦无道免于刑戮⑦。"以其兄之子妻之。

子谓子贱⑧，君子哉若人，鲁无君子者，斯焉取斯。

【注释】

①公冶长：姓公冶名长，齐国人，孔子的弟子。

②缧绁：捆绑犯人用的绳索，这里指牢狱。

③子：古时无论儿、女均称子。

④南容：姓南宫名适，字子容。孔子的学生。

⑤道：孔子这里所讲的道，是说国家的政治符合最高的和最好的原则。

⑥废：废置，不任用。

⑦刑戮：刑罚。

⑧子贱：姓宓名不齐，字子贱，比孔子小49岁。

【解释】

孔子评论公冶长说："可以把女儿嫁给他，他虽然被关在牢狱里，但这并不是他的罪过呀。"于是，孔子就把自己的女儿嫁给了他。

孔子评论南容说："国家有道时，他有官做；国家无道时，他也可以免去刑罚。"于是把自己的侄女嫁给了他。

孔子评论子贱说："这个人真是个君子呀。如果鲁国没有君子的话，他是从哪里学到这种品德的呢？"

【故事】

晏子崇尚大义与节俭

先秦诸子对"义"和"利"这一时代命题的普遍关注，促使当时的人们在社会实践活动中，注重权衡和摆正两者的关系，其中的很多人大义高标，为当时社会树立了高义在胸的形象。晏子就是其中之一。

晏子，春秋时齐国人，曾任齐景公的相邦，是春秋后期一位重要的政治家、思想家和外交家。他尚义节俭，在诸侯和百姓中享有极高的声誉。

晏子倡导"利不可强，思义为愈"的欲望和义利观。他认为，对待人的欲望与对财富的追求，要倡导"德义，利之本"的道德规范，对财富的追求不能贪得无厌。在义利关系上，他要求对利加以限制。

晏子的义利思想，在他自己的实践和生活中得到了非常鲜明的体现。

有一天，晏子正在家里吃饭，齐景公派使臣来找他商量国事。晏子听说使臣还没吃饭，就把自己的饭分一半给他吃，结果使者没有吃饱，晏子也没有吃饱。

使者回去之后就把这事告诉了齐景公。齐景公吃惊地说："没想到晏子的家，竟是这样的贫穷，寡人不知道，这实在是寡人的过错呀！"

齐景公知道齐国的复兴是晏子的谋划，就打算多多地奖励晏子。于是就

派专人送去了 1000 金，并从国库拨一部分商业税，作为晏子招待宾客的专用费。

晏子坚决不要，齐景公派人送去了三次，晏子最终还是没要。他对齐景公说："我的家里不贫。以您的惠爱，可以泽润我的三族，旁及友好，还能施与百姓，君王您对我的赏赐已经很厚了，我的家里一点也不贫穷。"

晏子还劝谏齐景公说："我听说，把君王所给的厚赏再赏给百姓，这是臣下取代国君讨好于民的行为，忠臣不会这样去做。如果把君王所给的厚赏不施与百姓，那就成了一个人的筐箧之藏，仁者也不会那样去做。

"进从国君那里索取，退而得罪天下之士，身死则财产归于他人，那不过是个主管藏东西的人，智者也不会那样去做。对一个人来说，有一块粗布为衣，有一罐粮食可吃，也就可以满足了。"

这时候，齐景公又对晏子说："我听说先君齐桓公曾经把 500 个书社封给管仲，管仲没有推辞就接受了。可你为什么要推辞呢？"

晏子回答说："我听说智者千虑，必有一失；愚人千虑，必有一得。那这大概就是管仲的一失，而我的一得吧？所以我再次表示感谢，但我不能接受。"

晏子本是齐国的国相，身处一人之下，万人之上，可是他却宁愿过那样的俭朴生活，齐景公给他赏赐也坚辞不受，这种品格的确是值得称道的。其实，晏子也深知富贵享乐的好处。但是晏子之所以尚俭，是因为他时时想到齐国的百姓和人民这个"大义"。他不愿意在人民还不富裕的情况下自己独自享受，更不愿意把自己的享受建立在百姓的苦难之上。

有一次，齐景公要把平阴和槖邑这两个地方赏给晏子，作为他收取俸禄之地。

晏子又推辞说："现在您好修治宫室，民力已经疲惫了；您好游猎、玩赏、财货，百姓的财力已经枯竭了；您好兴师，老百姓对您已生怨恨。我不能因为个人享受，增加百姓对您的怨恨，所以不敢接受您的赏赐。"

齐景公说："你说得对。但是你不想富贵吗？"

晏子说："我听说做人臣的，先考虑君主，然后再考虑自身；国定然后家定，尊君然后身安，为什么我不想富贵呢？只是现在我们的国家还没有这样的条件。"

齐景公说："话虽然是如此，但是我用什么做你的俸禄呢？我总要给你俸禄吧？"

晏子说："君王的商业渔盐，在关市上只管稽查而不征用；耕者只收十分之一的税；减轻刑罚，该死罪的去服刑，该服刑的处罚，该处罚的则免去。您如果做到了这三点，就等于给了我俸禄，也会使君王获利了。"

齐景公说："这三件事不太容易了吗？我就按照你的话去做！"

齐景公果然做到了这三点，就派人到大国去询问。大国的国君说："齐国这下安定了。"派人到小国去问，小国的国君说："齐国再也不欺负我们了。"

晏子所住的房屋却又矮又旧。齐景公心里觉得有些不安，想给他建造一所宽敞的房屋。

一天，齐景公对晏子说："相国，你的房子又矮又破旧，而且离闹市太近，整日不得安静，这样长此下去怎么行呢？还是给你建个宽敞高大些的住宅吧！"

晏子感激地说："感谢国君的关心，我住在那儿很好。我现在住的房子虽然破旧些，却是我祖辈一直居住的地方。我对国家亦无大功，住着先人留下来的房子心里还觉得不配呢，怎么还能换更好的房子呢？"

齐景公再三劝说，晏子始终不肯搬迁。齐景公为此很伤脑筋。

有位大臣对齐景公说："我倒有个办法，国君不妨试试。"

齐景公迫不及待地问："你有什么妙计，请快快讲来！"

大臣说："相国为人十分刚直，靠劝说让他搬迁是不可能的。国君要想了却此愿，只有等他不在家的时候，派人把他的旧房舍拆掉，然后再为他盖好新的房子，待相国回来，那时，生米已做成熟饭，他再反对也没有办法了。"

齐景公听罢，非常高兴，连声说："好！好！好！"

不久，晏子出使晋国。齐景公照计行事，立即派人给晏子盖了一座华丽宽敞的新住宅。

晏子出使归来，刚到城里，就有人告诉他说，国君为他修建了新宅，原来的旧房子拆掉了，还拆了邻居的房子。

听到这一消息，晏子深感不安，沉思良久，对身边的随从官员说："烦你去宫中禀告国君，感谢他的一番好意。但为了我能住上好房子，把左邻右舍都撵走了，我于心实在不忍。让我住在这样的宅院里，我一天也难安宁。请国君恩准重新恢复原来的住宅，让邻居回来居住，否则，我哪再有脸面回家呀！"

随从把晏子的这番话转告了齐景公。齐景公十分生气，怒冲冲地嚷道："寡人尽心尽力为着他好，他却如此不识抬举！"

朝中大臣们也七嘴八舌地嚷开了："相国的做法，也着实有些不近人情。""真是好人做不得啊！""其实相国也有难处啊，他是百官之首，宫里宫外，上上下下，大小官员都看着他，他若身不正，影子就跟着歪了。"

齐景公听了大家的议论，考虑再三，对那随从官挥了挥手："好啦，随他去吧！"

晏子回到家中，立即叫人将新宅拆掉，重新恢复了原来的住宅，又将迁走的邻居全部一一请了回来。邻居们对他的行为都十分感动。

晏子的尚俭品格，集中反映了他的义利思想，丰富了我国古代义利观的内涵，对以后历代社会人们的立身处世、人生价值观都产生了积极而深远的影响。

子罕大德高义不贪财

子罕也以自己的实际行动，树立了大义在胸的典范。

子罕，名叫乐喜，子罕是他的字，春秋时期宋国人。曾经担任司城，主管建筑工程，位列六卿。

子罕虽身为京城中的官员，却从不恃权营私，贪恋钱财。不管是亲朋好友，还是素不相识的陌生人，凡别人送来礼物，他都一概拒收。

有一天，子罕正在府中处理政务，忽然差役进来禀报说，门外有个人求见。子罕急忙放下手中的事务，示意有请。

不一会儿，差役把那人请了进来。只见那人身着峨冠博带，衣冠楚楚。进得门后，一边向子罕施礼作揖，一边口若悬河地说开了："久闻大人英名，如雷贯耳，怎奈宋齐两国路途遥遥，无缘相见，今日得见大人尊容，实属三生有幸。"

子罕十分谦和地回答说："客人来访，理当会见，请不必多礼。"

接着，子罕想询问来人的情况和来意。然而那人却只管一面欣赏厅里的摆设，一面不断地奉承子罕。见此情形，子罕虽耐着性子，浑身却像针扎一样难受。出于礼貌，子罕不便发火，只好敷衍着和他胡乱谈了一会话。

坐了好半天，也不见那人说明来意。子罕因身有公事，心里很着急，只得委婉地说："足下一路风尘仆仆，鞍马劳顿，是否先到客舍休息休息？"

那人说："大人既是公务在身，小人不敢打扰，今日至此，只有一事相商。"说着，抬眼望了望子罕的左右。

子罕会意，转身向身边的差役们挥了挥手，让他们退下。

那人见厅内别无他人，走到子罕跟前，低声地说："小人仰慕大人已久，今日得以相见，我这里有一块刚得到的宝玉，要是雕琢好了，它是无价之宝啊！现在我奉献给你，请大人笑纳。"说着，从袖中把那块玉取了出来，双手递给了子罕。

子罕接过那玉细看，确实是一块绿色宝玉。他放在手上翻来覆去看了几遍，然后，把那玉又递还给了那人。

那人一看，急了，他以为子罕怀疑那玉不是真宝，忙说："小人已请玉匠鉴定过了，的确是块价值连城的宝玉啊！你看这纹理多么华美，这色泽多么斑斓，这形态多么优雅！"

子罕见那人如此百般殷切，笑着解释说："我并非怀疑它不是宝，我不收是因为它是你的宝，而不是我的宝。对你来说它是无价之宝，而它对我来说就不是宝。你把碧玉作为宝，我把不贪作为宝。如果我收了你的宝，岂不是你也丢了宝，我也丢了宝。我看还是我们各自守住自己的宝好啊！"

听了子罕的这一番话，那人只得收起那块玉，灰溜溜地走了。

宋国一些年高德劭的人知道了这件事，他们评论道："子罕并非没有宝物，只是他所珍视的与常人不同罢了。如果我们用一百两黄金和美食去给小孩子，小孩子必定会选择美食；如果以和氏璧与 100 两黄金给乡下人，乡下人必定会选择 100 两黄金；但如果用和氏璧与道德至言让圣贤的人挑选，那么，圣贤之人就又会选择后者。智慧越高深的人，他的选择越精明；智慧越是低下的人，其取求也就越低劣。子罕明白这个道理，所以才会领悟道德这个无价之宝！"

子罕不仅拒收厚礼，体现出高尚的品德，还拿出自己的钱财救济百姓，表明他具有崇高的使命感和责任感。

公元前 544 年，郑国发生饥荒，而当年的麦子还未收割，老百姓困苦不堪。担任上卿的罕氏家族中的子皮根据父亲子展的遗命，给百姓分发粮食，每户都有，郑国人没有挨饿。子皮也得到了郑国百姓的极大拥护。

子罕听说这一情况后，说："多做善事，这是百姓所希望的。"

宋国也在这一年发生了饥荒，子罕便请示宋平公，要求拿出公室的粮食借给百姓，让大夫们也都把粮食借出来。子罕把自己家族的粮食借给别人，但他不让写借据，意思是不要别人归还了。不仅如此，他还以那些缺乏粮食的大夫的名义，借出了这些粮食。

由于子罕的义举，一方面，宋国虽然闹灾荒，老百姓却都没有挨饿；另一方面，百姓们认为官员们个个体恤民艰，献粮救灾，因而使得朝廷形象焕然一新。

子罕仗义疏财的做法传遍了诸侯。晋国著名贤臣、政治家叔向听说这些情况后，感慨地说："郑国的罕氏家族、宋国的乐氏家族，肯定都会长盛不衰，他们应该都能够执掌国家的政权，这是因为民心都已归向他们了。"

叔向还认为，子罕以其他大夫名义献粮的这一义举，不只是考虑树立自己的德望名声，在这一点上，子罕显得比罕氏家族中的子皮更胜一筹！

其实，一个人不能改变世界，但却能改变自己，而改变了自己，就促成改变世界。子罕助人义举，被人们广泛赞誉，使人们感受到了大德高义的魅力。

子罕不贪钱财、慷慨助人的义举，充分反映了他的义利思想，代表了他的人格高度。是古代社会的道德楷模。

范蠡经商义中取利

春秋战国时期的义利话题，在商业领域具有普遍意义，或者可以说更具有实际效应。在这方面，范蠡的经商活动，当属正确把握义利关系的典范。

范蠡，春秋末楚国宛邑三户人。历史上杰出的政治家、军事家、思想家和商业理论家。他经商注重义中取利，曾三散家财，是我国儒商的鼻祖。

义利观是商业活动的价值论，是商业活动的指导思想和根本原则。经商赚钱"见利思义"则成功，"见利忘义"则失败。在这一方面，范蠡可以堪称是"商人的楷模"。

范蠡致富不忘百姓，慷慨散财济民，传授致富经验，表现了一代儒商兼济天下的高尚情怀。

范蠡帮助勾践兴越灭吴，功成名就之后，急流勇退，变官服为一袭白衣，化名姓为鸱夷子皮，泛一叶扁舟于五湖之中，遨游于七十二峰之间，随后来到齐国。在齐国，范蠡父子治产，戮力垦荒耕作，兼营副业并经商，时间不长，就创造了巨大财富，致产数十万。

齐王闻听了范蠡的贤名，将范蠡请进了国都，拜其为相国。范蠡居官3年，认为自己"居家则致千金，居官则至卿相，此布衣之极"，终觉"久受尊名，不祥"。

于是，范蠡再次急流勇退，归还相印，将所有财产分于知友乡党，悄悄地离开了齐国。一身布衣的范蠡迁徙定居在陶邑。

范蠡到了陶邑后，自称"陶朱公"，按照好友计然的经商之策，父子治产，种田地、养牲畜、做生意，辛勤劳作，没有几年，果然又"资累巨万"，富甲天下，成为历史上最成功的商人，人们说起富有的人，没有不说"陶朱公"的。

范蠡居陶经商19年，在此期间，他富而行德，3次致富，又3次散财，将财富分散给当地的朋友和百姓。被时人誉为"富

子谓公冶长

好行其德者"。

范蠡靠自己的经商实践聚集了大量的财富，但他思想开放，绝不保守，想方设法把致富经验传授于人。他认为，"授人以鱼，不如授人以渔"，为帮助百姓发家致富，他毫无保留地传授生财之道。

鲁国有个人叫猗顿，"耕则常饥，桑则常寒"，靠贩盐为生。他听说"陶朱公"致富有术，便来求教致富的方法。

范蠡教他说："你要想致富，我建议你发展畜牧业，渐渐繁衍壮大，日久即可致富。"猗顿按照范蠡的指点大畜牛羊，后成富翁，与范蠡并称"陶朱猗顿"，驰名天下。

范蠡在陶邑时，发现这里低洼多水，便教百姓凿池养鱼。他告诉百姓，"致富之法五，养鱼第一"。定陶县城内现仍存有一大池塘，传说是范蠡当年教民养鱼的地方。

后来，范蠡在总结民间养鱼经验的基础上，结合自己的养鱼实践，写出《养鱼经》一书，对传播养鱼技术、帮助百姓致富起到了积极的作用。

经商致富靠的是无损于民的商业道德，不搞损人利己的经营技巧。范蠡秉持这一经商大"义"，童叟无欺，公平交易。范蠡在陶邑经商时，当时市场上很多货物的交易都是估计分量，很难做到公平交易。于是，他便设想制造一种能测定货物重量的工具。

一天，范蠡用桔槔从井中吸水时受到启发，急忙回家模仿桔槔做起实验来。他用一根细直的木杆，一头拴上吊盘，用以盛装货物，一头系一斧头作为砣，再用木桩把木杆支撑起来。

范蠡在实验中发现，吊盘的货物越多，斧头就要移得离支点越远，才能保持木杆平衡。他把货物的多少与斧头移动的距离一一做了记录，而且在木杆上刻出标记。

为使用方便，范蠡把一只斧头的重量定为一个"斤"的单位。但是，比斧头轻的东西怎样称量呢？范蠡苦苦思索了很长时间，仍没有好的解决办法。

一天夜里，范蠡夜观天象，天空星宿的排列又给他带来灵感。于是，他便将秤杆上一斤的距离平分为13份，用南斗六星和北斗七星做标记，一颗星代表一两重，13颗星代表一斤。为表现它的公平，他就给它起名叫"秤"。从此，市场上便有了这种计量货物重量的工具。

范蠡刚开始发明的这种秤必须把木桩固定在地上使用，对于坐商还可以，而对于行贾使用起来就很不方便。于是他又对秤进行了一番改造，在秤杆支点上钻个小孔，小孔穿上麻绳，用手来提。这样一来，秤的使用和携带就方便多了。

但是，时间一长，范蠡又发现，一些心术不正的商人卖东西时会缺斤少两，克扣百姓。他又决定把秤再做改进，警告奸商用秤要公平心正。

范蠡改秤杆白木刻黑星为红木嵌金属星形，并在南斗六星和北斗七星之外，再加上福、禄、寿三星，以16两为一斤。

范蠡告诫商人，经商必须光明正大，不能去赚黑心钱。他说："经商者若欺人一两，则会失去福气；欺人二两，则后人永远得不了俸禄；欺人三两，则会折损阳寿！"这样一来，即使是唯利是图的奸商，卖东西时也不敢缺斤短两了。

就这样，秤这种计量工具便一代一代地流传下来，一直沿袭了2000多年，直至今天。

在经商过程中，范蠡将"义"与"利"两者的关系看得很透，能够因时、因地、因人、因势制宜，做到了义中取利，利人利己。

范蠡之所以选择在陶邑定居经商，其实就像他当初选择越国成就霸业一样，在这里又一次显现出一个政治家、军事家的战略眼光。他认为陶邑是"天下之中，诸侯四通，货物所交易"的业商中心，是可以致富的好地方。

在当时，由于工商业的空前发展，商品交易十分活跃。陶邑处于中原腹地，再加上水陆兼备、四通八达的交通条件，自然成为全国各地商品交换的必经之地。

在陆路交通方面，陶邑为午道之所在。所谓"午道"，就是纵横交错的十字路口，是经商活动的黄金地段。

当时促进陶邑繁荣的交通道路，不仅有陆上的，更有水上的。公元前484年，吴王夫差为争霸中原，开凿了沟通济水与泗水的运河，即菏水。菏水的开凿使当时的江、淮、河、济得以互相联系起来，使黄河、长江中下游地区的水道交通联结成网。而陶邑处于菏水和济水会合的地方，也就正处在这个水道交通网的枢纽。

陶邑便利的交通，促进了商品交易，当时北方的畜产品，南方的羽毛、象牙、颜料，西方的皮革、毛织物、牦牛尾，东方的丝织品、鱼、盐等，都可以在这里买到，陶邑很快发展成为"天下之中"的经济都会。当时成为一方经济中心的经济都会有很多，唯独陶邑被称"天下之中"，可见陶邑的繁荣程度。

所谓"天下之中"，不仅是区域经济中心，更是包括当时诸侯各国在内的经济中心，即全国性的经济都会。

可以说，是陶邑的繁荣成就了范蠡的事业，而范蠡选择陶邑经商也使"定陶"更加扬名。由此可以看出，范蠡定居陶邑的经商战略和措施，最终结果是利国，利人，利己，获得了多方共赢。

范蠡思想开放，知进退，识大体，看得透事物本质。他放得下高官厚禄，能伸能缩，能上能下，自强不息；他重义轻利，行善积德，屡散家财，周济贫困，开创了道德经商的我国儒商传统。无怪后来的汉代史学家司马迁称：

范蠡三迁皆有荣名。

白圭经商的义与利

商业经营理念中最主要的是如何处理好义与利相互间的关系。如果说是范蠡开创了古代道德经商的儒商传统，那么，白圭则以天才般的理财思想，开辟了"智、勇、仁、强"的经营之道。

白圭，战国时期商人。曾在魏国为相，施展治水才能，后来游历了中山国和齐国后弃政从商。

白圭的出生地洛阳，洛阳人善为商贾，致力于商业和手工业。出生于此的白圭有极高的经商天分，很快成为战国时期首屈一指的大商人。

白圭始终认为，个人的商业活动，应该和国家的经济富强，百姓的安居乐业结合起来，也就是说，以商富国，以商安民，为国理财。这是商业活动中的"义"之所在。因此，他常从大处着眼，通观全局，在经营上从不嫌弃小惠小利，更从不靠诡计进行欺诈。

当时商人的队伍非常庞大，有的公平买卖，正当经营；可是也有很多商人囤积居奇，垄断市场，很多大商人还兼放高利贷，牟取暴利。于是，当时人们将商人分为两类，一类称为"诚贾""廉商""良商"；另一类称为"奸贾""贪贾""佞商"，而白圭正是战国时期良商的典型代表。

当时的商人大都喜欢经营珠宝生意，经营珠宝可以获利百倍。但白圭却没有选择这一当时最赚钱的行业，而是另辟蹊径，开辟了农副产品贸易这一新行业。

白圭独具慧眼，通观全局，他看到当时农业生产迅速发展，敏感地意识到农副产品的经营将会成为利润丰厚的行业，提出"取下谷"的经营策略。下谷就是农产品等生活必需品。

白圭认为，"下谷"等生活必需品，虽然利润较低，但是消费弹性小，成交量大，以多取胜，一样可以获取大利，而更为重要的是，经营"下谷"，利国利民。于是，他毅然选择了农产品、农村手工业原料和产品的大宗贸易为主要经营方向。

白圭有自己的一套独到的经商术，他把自己的经营原则总结为八个字"人弃我取，人取我与"。

其具体的做法是：在收获季节或丰年，农民大量出售谷物时，适时购进谷物，再将丝绸、漆器等生活必需品卖给这时比较宽裕的农民；而在年景不好或是青黄不接时，适时出售粮食，同时购进滞销的手工业原料和产品。

白圭所说的"与"，是予人实惠，当某些商品积压滞销时，一些奸商坐待价格贬得更低再大量购进，而白圭却用比别家高的价格来收购；等市场粮食匮乏时，奸商们又囤积居奇，白圭却以比别家低廉的价格及时销售，满足人民的需求。

白圭的这种经营方法，既保证自己能够取得经营的主动权，获得丰厚的

利润，又在客观上调节商品的供求和价格，在一定程度上保护农民、个体手工业者以及一般消费者的利益。无怪乎白圭自诩为"仁术"。

白圭为常从大处着眼，将货物流通与发展生产联系起来，既能使经营生财，又使生产有利其发

展。他认为，只有以足补缺，以丰收补歉收，使全国各地物资互相支援，才能辅民安民。

其具体做法是：

如果一个地方盛产蚕茧，就购进这些产品，而用谷物等其他当地缺少的东西去换；如果一个地方粮食丰产，就去购进他们的粮食，然后用丝、漆等类必需品去和他们交换。

这样，就使全国货物得到流通，既利于人民生活，又能从中赚取利润，可谓一举两得。

白圭选择的"下谷"等生活必需品的经营，面对的是广大平民百姓，因此白圭奉行了薄利多销的经营原则，不提高商品的价格，而是通过加快商品流通、扩大销售的方法来获取更多的利润。

白圭还很注重扶植农民的生产，以保证和扩大自己的商品来源。白圭曾经向农民供应优良的谷物种子，既为自己获取了利润，又帮助农民增加了产量，使自己掌握了更充足的货源。

农副产品的经营受农业收成的制约很大，因此，把握时机，尤其是掌握年景丰歉变化的规律具有极其重要的意义。

白圭善于把握天时，他根据古代的岁星纪年法和五行的思想，运用天文学、气象学的知识，总结出一套农业收成丰歉的规律，并遵循这个规律进行交易，丰年粮价低廉收购粮食，到歉年粮价上涨时出售，从丰年和歉年的价格差中可以获得成倍的利润。

白圭的这套商情预测的理论，其实就是一种农业经济的循环论，这表现出了白圭自身极高的知识水平和高远的眼光。

白圭在当时还很擅长观察天气变化，注意提前储备粮食物资来救灾救荒，辅民安邦。在丰收之年就趁粮价低时大量买进，等灾荒发生时就以低于市场的价格低价卖出，帮助人民度过灾荒。这样在辅民为民的同时，财富也成倍地增加。

白圭还有一个重要的经商思想：如果为了省钱而买谷物自己吃，就买差一些的谷物，如果是为了做种子来年丰收，那就请买上等的种子。他不但为对方着想，还计划得合情合理，既要节俭，又要丰产，可谓将思想工作做到了家。

白圭创造性地继承、应用了前人的智慧，形成了自己的一套商业理论和经营策略。他曾经极为自负地说，他治理生产，经营买卖，就像古代的伊尹、吕尚运用谋略治理国家，孙子、吴起用兵，商鞅行法一样。白圭运筹帷幄、稳操胜券的经营，也证明了他是完全有资格如此自负的。

白圭是商业这个行业最早收授门徒的人，他通过严格的挑选，收了一些学生。白圭招生的标准是很高的，他认为一个优秀的商人，要具备以下条件：要通权变，能够权衡利弊，把握时机，出奇制胜；要勇敢果断，当机立断；要有仁爱之心，能够明白取予的道理，遵守"人弃我取，人取我与"的经营原则；还要有耐心，有毅力，能够固守等待，不轻举妄动。

虽然商人在古代"士、农、工、商"的行业划分中位居最后一位，在历史上的地位一直比较低，但是，白圭却将"义"的儒家道德规范作为商人的基本素质要求，可见白圭所要求的商人是一个具有很高的文化程度和高尚的道德品质的人，这和他义中取利的经营理念是相合的。

白圭正确对待义与利，形成了自己的经商思想体系，不但显示了古人的智慧、仁义的道德，更为后世商人效法和借鉴。他的"人弃我取"和"知进知守"的理财思想对现代人理财也有指导意义。

冯谖大义之举显义德

春秋战国时期，权贵多养门客，以壮大自己的实力，而门客受人之惠，大多心存感恩之义，希望回报。冯谖就是一个有大义之举，彰显义德的义气汉子。

冯谖是"战国四公子"之一的孟尝君的一个门客。他为孟尝君做了许多工作，既给孟尝君赢得了"义"名，自己也成了一个人人称颂的著名义士。

冯谖在穷困潦倒，无以维持生计时，曾经托人请求孟尝君，表示愿意在他的门下寄居为食客。孟尝君问他有什么爱好，他回答说没有什么爱好；又问他有什么才能，回答说也没有什么才能。孟尝君听后笑了笑，但还是接受了他。

旁边的人因看到冯谖这样，就供给他粗劣的饭菜。按照孟尝君的待客惯例，门客按能力分为3等：上客吃饭有鱼，外出乘车；中客吃饭有鱼，外出无车；下客饭菜粗劣，外出自便。

冯谖为了试探孟尝君的胸怀和眼光，曾经三番五次地向孟尝君提出近乎苛刻的要求。冯谖做门客不久，有一天，他倚着柱子弹着自己的剑，唱道："宝剑啊，我们还是回家去吧，吃饭的时候没有鱼啊！"显然是要求改善待遇。

左右的人把这事告诉了孟尝君。孟尝君说："给他鱼吃吧！"

又过了一段时间，冯谖又弹着他的剑，唱道："宝剑啊，我们还是回家去吧，出门的时候没有车啊！"

左右的人都取笑他，又把这件事告诉给孟尝君。孟尝君说："给他车坐吧！"

冯谖于是乘坐他的车，高举着他的剑，去拜访他的朋友，十分高兴地说：

"孟尝君待我如客。"

此后不久，冯谖又弹着他的剑，唱道："宝剑啊，我们还是回家去吧，没有地方可以安家！"

此时，左右都开始厌恶冯谖，认为他贪得无厌。孟尝君听说此事后发现，原来是冯谖有个老母亲。于是，就给冯谖的母亲以食用。这一次，冯谖深受感动，他从此不再考验孟尝君，决定一心一意地为孟尝君效力。

孟尝君是齐国的相国，在薛地被封万户食邑。由于他门下养有3000多食客，封邑的收入不够供应食客，因此曾经放债给封地百姓，一则以此济民，二则自己也增加些进项。但放债一年多了，还没收回息钱，眼下资金周转不开，就打算派人到薛地收回一些，以补不足。

孟尝君准备在门客中挑选一位能为他收账的人，冯谖主动报了名。孟尝君爽快地答应了。冯谖整理行装，备好车辆，装置着借据，准备去薛邑收账。

冯谖在辞别时问孟尝君："钱收回之后，需要买什么回来呢？"

孟尝君随口说："你看我缺什么就带什么吧！"

冯谖心里早有了打算。他驱车到了薛地，召集那些向孟尝君贷款的人，收回了10万利息钱。然后，他用这些钱买了许多好酒，还有肥大的牛，再告诉那些贷款的人说："能偿还利息的都来，不能偿还利息的也来，都拿着借据来核对。"

大家聚会时，冯谖命

人宰了牛，摆上好酒，请大家吃喝。

正喝得酒酣耳热的时候，冯谖拿出借据到大家前面核对，凡是能够偿还利息的，给他们还债的期限；没能力付利息的，要回借据，把它烧掉。

接着，冯谖向大家宣布："孟尝君贷款的原因，是为了给没有钱的人经营事业；向大家要利息的原因，是因为不够奉养宾客了。现在，有钱的人订了偿还的期限，借给穷人的钱孟尝君说赐给你们了，所以也就把借据烧掉了。有孟尝君这样的一位主人，大家尽量喝得痛快吧！"

在座的人一听，都站了起来，一拜再拜，高呼万岁。

冯谖的做法，在当地百姓中埋下了感恩孟尝君的种子，为他换得民心，赢得了义名，可谓功德无量的义举。冯谖办完事后，立即赶了回去。

孟尝君听说冯谖烧掉借据，就责备说："听说您收了债以后，就买了很多的牛和酒，还烧掉了许多借据，这是怎么回事？"

冯谖答道："是有这一回事。不多备酒肉，就不能把大家聚在一起，也就没法了解哪些人是有钱的，哪些人是贫穷的。有钱的人，订了还债的期限；贫穷的人，虽然等着他跟他讨债10年也要不到，利息越来越多，再逼他们的话，就会逃走。如果他们困难到无法还债，对上则说您好利不爱百姓，对下则有百姓赖债的坏名声。"

孟尝君听了，沉默不语。

冯谖说："烧掉无用借据，主动放弃不可得的空账，是为了让百姓亲近您，从而彰扬您美好的声誉，这就是我为您买的义呀！"

孟尝君听后，虽然心里不快，嘴上还是说："谢谢您为我买义，先生去休息吧！"

又过了一年，孟尝君因受谗言而被齐潜王罢相，贬回封地。在离地百里的时候，只见当地百姓都上前相迎。

孟尝君不禁感叹："先生替我买的义，真是重于利百倍啊！以此可见义的价值之大。"

齐湣王罢掉了孟尝君的相位，一般食客眼看孟尝君被免职失去了依靠，也都远走高飞去了。只有冯谖坚持留在了孟尝君身边。

冯谖出于孟尝君政治地位的考虑，对孟尝君进言说："要是您借给我一辆车，让我赶到秦国的话，一定会让您的名望再显现于齐国，封邑更加广大。您觉得行吗？"

孟尝君二话没说，立刻装束车辆，准备好送给秦王的礼物，速派冯谖到秦国去。

冯谖直奔秦国，见了秦王，对他说："天下的辩论之士驾车奔向您而来的，没有一个不想使秦国强盛而使齐国衰弱的。然而，那些驾车奔向东方齐国去的，也都想让齐国强大而使秦国衰弱。秦、齐两国势不两立，能称雄的就可以得到天下！"

秦王一听，急切地长跪请教，说："您有何妙计才使秦国得到天下呢？"

冯谖说："大王想必知道齐王已经废除了孟尝君相位这事吧？"

秦王说："我听说了。"

冯谖说："让齐国威望显著天下的，其实就是孟尝君这个人，他的能力非常大。现在齐王妄信谣言，把他给废除了，他内心非常怨怼，一定会背叛齐王的。如果他背叛齐王到秦国来，那么，就一定会把齐国的内情和盘托出，如此，您就可取得齐国！"

秦王说："这样当然最好，那我该怎么办呢？"

冯谖说："您现在赶紧派遣使者，备份厚礼，秘密地把孟尝君迎接过来，不要错过这难逢的机会！倘若齐王悔悟的话，那么谁得天下就很难说了。"

秦王听完，很是兴奋，就派 10 部车辆，准备黄金 2400 两，派遣使者去迎接孟尝君。

冯谖说服了秦王，马上告辞，又一路赶回齐国，对齐闵王说："天下的辩论之士驾车奔向您而来，无非想让齐国强盛而使秦国衰弱。但是，那些驾车奔向秦国去的，也都想让秦国强盛而使齐国衰弱呀！秦、齐两国势不两立，要让秦国强盛的话，那齐国就危险了。臣下听说，秦王派遣 10 部车辆，准备黄金 2400 两，去迎接孟尝君。

"孟尝君不到秦国则已，要是到了秦国，天下的人心就可能归向秦国了。一旦这样，齐国就危急了。大王何不趁秦国使者还没赶到以前，恢复孟尝君的职位，增加他的封邑，向他表示歉意。这样，孟尝君一定会很高兴地接受。秦国虽是强国，但怎能聘请别国的宰相呢？只要破坏了秦国的阴谋，就可破坏他强盛称霸的策略。"

齐湣王听后，大声说："你说得好！"于是派人到边境窥探秦国的使者。

秦国的车队刚驰入齐国边境，齐闵王的人发现后连忙赶回报告。这下子验证了冯谖的话是不错的。

齐湣王立即派人召回了孟尝君，恢复他宰相职位，除了保持旧有的封邑外，又增加了千户人家给他。秦国使者听到孟尝君已被齐闵王召回，而且恢复了齐国宰相职位的消息，只好放弃了接人的计划。

自从齐湣王罢免了孟尝君的相位，门下食客多离他而去。孟尝君恢复相位后，冯谖策马前去迎接，其他门客都未到。

孟尝君感慨地对冯谖说："我一生好客，对待客人从来不敢有所闪失，而他们见我罢官，却都离我而去了。今仰赖先生得以恢复相位，门客还有什么脸面再见我呢？我如果再见到他们，必唾其面而大辱之！"

冯谖听了忙下马向孟尝君叩头。孟尝君急忙下马制止，问他是否是替他的门客谢罪。冯谖说："不是的，我是因为您的失言。"

孟尝君有些疑惑，问道："此话怎讲？"

冯谖说："任何事物发展都有自身的规律，富贵多士，贫贱寡友，就是一种规律。您失去相位，宾客自然都离去了，您不应该因此埋怨他们，希望您能够待客如故。"

　　孟尝君非常感激冯谖的提醒，于是再次拜谢并接受了冯谖的建议。孟尝君这次为相时间很长，在冯谖的辅佐下，再无意外之祸。

　　冯谖堪称一位高瞻远瞩、颇具深远眼光的战略家。他抱着对孟尝君高度负责的态度，出谋划策，为孟尝君赢得了"义"名，又使孟尝君避免一场政治波折。而他的义士之心，大义之举，更赢得了最大的"利"，被后人永远传颂。

雍也仁而不佞

或曰："雍①也仁而不佞②。"子曰："焉用佞？御人以口给③，屡憎于人，不知其仁④。焉用佞？"

子使漆雕开⑤仕，对曰："吾斯之未能信。"子说⑥。

子曰："道不行，乘桴浮于海，从我者，其由与！"子路闻之喜。

子曰："由也好勇过我，无所取材。"

【注释】

①雍：姓冉名雍，字仲弓，孔子的学生。

②佞：能言善辩，口才好。

③口给：言语便捷、嘴快话多。

④不知其仁：指冉雍有仁与否不可知。

⑤漆雕开：姓漆雕名开，字子开，生于公元前540年，孔子的门徒。

⑥说：同"悦"。

【解释】

有人说："冉雍这个人有仁德但不善辩。"孔子说："何必要能言善辩呢？靠伶牙俐齿和人辩论，常常招致别人的讨厌，这样的人我不知道他是不是做到了仁，但何必要能言善辩呢？"

孔子让漆雕开去做官。漆雕开回答说："我对做官这件事还没有信心。"

孔子听了很高兴。

孔子说："如果我的主张行不通，我就乘上木筏子到海外去。能跟从我的大概只有仲由吧！"子路听到这话很高兴。孔子说："仲由啊，好勇超过了我，可惜咱们没有好的木材啊。"

【故事】

汉武帝刘彻

汉武帝在登基之初，继续父亲生前推行的养生息民政策，采取政治策略，努力开疆拓土，进行文化建设。

为了加强中央集权，汉武帝接受主父偃的建议，允许诸王将自己的土地分给子弟，建立较小的诸侯国，即"推恩令"。这样，就使原来独立的地方王国自动地将权力上交给了国家。

此后，地方的王与侯仅仅享受物质上的特权，即享用自己封地的租税，没有了以前的政治特权。他还一次性削去了当时一半的侯国，从而奠定了大一统的政治格局。

汉武帝为了打通和加强同西域的贸易往来，他任命张骞为中郎将，率领300多随员，携带大批金币丝帛以及牛羊向西域进发，到达乌孙。张骞回来后，乌孙派使者几十人随同张骞一起到了长安。此后，汉武帝又派出使者联通西域。"丝绸之路"的开通，开辟了连接东到长安，西到罗马帝国，最远至埃及亚历山大的贸易通道。

汉武帝听取董仲舒的建议，"罢黜百家，表彰六经"，即把儒家学说作为封建正统思想，持法家、道家等各家学说的读书人，均受排斥。汉武帝还大力推行儒学教育，在长安举办太学，创建乡学，设立举贤制度，形成了我国独特的文官制度。

为贯彻自己的命令，汉武帝设立中朝，削弱丞相的权力，让众多的儒生代替元老们掌握国家政权。为了进一步加强君主权力，汉武帝用派御史的方式，对地方的豪强、官吏进行监督。他将全国分成了13个监察区，每个区叫做部，每部派出一名刺史，中央的刺史叫作司隶校尉，其他12个州都叫刺史。

公元前127年，匈奴贵族以2万骑入侵上谷和渔阳。汉武帝派青年将领卫青率3万骑出云中，西至陇西，收复河套地区，扫除匈奴进犯的军事据点。

卫青采取迂回进攻的方法，从后路包抄，一举赶走匈奴的楼烦王和白羊王，解除了长安的威胁。

公元前124年，卫青率骑兵赶走了匈奴的右贤王，生擒匈奴王子10余人凯旋。汉武帝破格提升卫青为大将军，成为全军的统帅。

第二年，在和匈奴的战斗中又涌现出一位 18 岁的将领霍去病。他是卫青的外甥。

公元前 121 年，汉武帝派霍去病出陇西，越过焉支山西进，入匈奴境千余里，和匈奴军短兵肉搏，大获全胜。公元前 119 年，汉武帝派卫青、霍去病率几十万兵，在漠北共击匈奴首领单于。

汉武帝取得抗击匈奴的胜利，使国家更加统一，长城内外尽在掌控之内，为经济文化的发展创造了极为有利的条件。

汉武帝还通过远征大宛、击败姑师、攻破楼兰、征战龟兹和莎车等战役，开拓了西域疆土，进一步恢复和加强了西汉在西域的统治。

汉武帝还派兵消灭了盘踞在朝鲜半岛北部的卫氏朝鲜政权，在那里划分地方行政区域，设置了乐浪郡、玄菟郡、真番郡、临屯郡，史称"汉四郡"。四郡的设置，说明将朝鲜半岛北部纳入汉帝国的统治范围。

汉武帝还统一了闽越和西南各部。从公元前 135 年至公元前 111 年，汉武帝先后攻克南越、闽越、东越等地，基本上将西南地区纳入其统治范围。

汉武帝不仅是一位政治家，军事家，也是一位爱好文学、提倡辞赋的诗人。他能诗善赋，不遗余力地开展文化建设。他下令在全国范围内征集图书，广开献书之路。又建藏书之所，置写书之官，各类图书，皆在数十年间广充秘府，史称"书积如丘山"。

晚年的汉武帝穷兵黩武，后来以实际行动自责悔过，下罪己诏，将注意力转向"富民"。

公元前 87 年，汉武帝驾崩于五柞宫。葬于茂陵。

陆象先宽厚为人为政

陆象先是唐朝一个很有气量的人。当时，太平公主专权，宰相萧至忠、岑羲等大臣都投靠她，只有陆象先洁身自好，从来不去巴结太平公主。先天二年，太平公主事发被杀，陆象先在暗中周旋，救了许多人，但那些人事后还蒙在鼓里，都不知道。

先天三年，陆象先出任剑南道按察使，临行之前，有一个司马劝陆象先说："希望您采取一些杖罚来树立威信。要不然，恐怕没人会听我们的。"陆象先听了之后，微微一笑说："当政的人讲道理就可以了，何必要讲严酷的刑法呢？这不是宽厚之人所为！"

先天六年，陆象先又出任蒲州刺史。当地的百姓有罪了，他大多是开导教育一番，就放了。手下对陆象先说："您不鞭打他们，哪里有威风！"

陆象先说："呵呵，人情都差不多的，难道他们不明白我的话？如果要用刑法，我看应该先从你开始才对！"手下听了陆象先的话，惭愧地退了下去。

这位陆象先经常说："天下本来无事，都是人自己给自己找麻烦，才将事情越弄越糟，其实都是庸人自扰。如果在一开始就能清醒这一点，事情就简单多了！"

张居正以天下为己任

明代嘉靖、万历年间，明王朝危机四伏，出现了以天下为己任的为官者，张居正就是肩负"举废饬弛，肩劳任怨"历史使命的代表性人物。

雍也仁而不佞

张居正，自幼聪明过人，15 岁考中秀才，26 岁中进士，46 岁进入内阁，48 岁至 58 岁任内阁首辅。张居正是明代著名政治家和改革家。他从政治、经济、文化、军事等方面进行了一系列改革。其中，他的治吏张法、爱国利民的业绩，至今仍为国人所称颂。

明代中期，吏治腐败。张居正以国家大业和人民安定为本，针对混乱不堪的时弊，制定并推行了对各级官吏进行考核和管理的"立限考成法"，这是对明代吏治的重大改革。

张居正认为：

> 天下之事，不难于立法，而难于法之必行；不难于听言，而难于言之必效。

张居正主张不仅要对各级官员进行定期考察，而且对其所办的每件事都要规定完成期限，进行考成，即所谓"立限考事""以事责人"。这就是张居正"立限考成法"的基本思想。

张居正根据"立限考成法"，对从朝廷至地方的各级官员进行严格控制。

1574 年，张居正责令吏部尚书张翰和兵部尚书谭纶，把全国知县以上文武官员的姓名、籍贯、出身、资历等自然情况登记造册，由六部和都察院按簿登记，要求对所属官员承办的每件事，逐月进行检查，完成一件，注销一件，如不按时完成，必须如实审报，否则，以违制罪论处。这样，层层检查，层层负责，使办事效率得以提高。

张居正在考核地方官时强调，要把那些秉公办事、实心为民的官员列为上考；对那些花言巧语、欺上瞒下的官员列为下考。

在考核中，张居正还善于将整顿吏治和为民做好事结合起来。既稳定了社会秩序，又提高了行政工作效率，形成了朝廷命令朝下疾如迅风的良好政治局面。

张居正认为，要使国家长治久安、减轻人民负担，首先必须从官员做起。他说，每个官员必须明确职守，对那些只吃皇粮不管事的冗官，要进行裁减，并宣布，各地不得擅自添设机构和人员。

1580年，张居正亲自下令撤除苏松地区私自添设管粮参政人员，并立即则成吏部认真核实上报各省擅自添设官员人数。张居正对不谋其政多余官员，坚决地进行裁减。1581年一次就裁革冗官达169名。在他当政期间所裁革的冗官，约占官吏总数十分之二三。

张居正一边裁革冗官，一边又广罗人才，把那些拥护改革、政绩卓著的官员，提拔重用。

一次，明神宗朱翊钧审阅关于山东昌邑知县孙凤鸣贪赃枉法的案卷，随即问张居正："孙凤鸣身为进士，为何这样放肆？"

张居正回答说："孙凤鸣就是凭借他的资历才敢这样妄为；以后用人，要先视其才，不必求资历。"

明神宗非常赞同张居正的意见。如此一来，张居正就以圣旨为令箭，大胆地起用人才。实践证明，凡被他启用的人才，都成为改革中的骨干。

张居正在整顿吏治的过程中，对各级官员凭借职权滥用驿站行为，也进

雍也仁而不佞

行了整顿。当时驿站的使用日益混乱不堪，不仅官员滥用，而且常出现将勘合转借他人使用的现象。一些不法权贵，手持勘合到驿站，随意索求，享用奢靡，残害百姓，人民极为愤慨。

张居正为整顿一些官员借用职权之便大肆挥霍国家之财的享乐行为，对凡违反制度使用驿站的官员，一律严惩不贷。

据《明实录》和《国榷》记载，1580年，张居正处罚违制使用驿站人员达30人之多。其中革职7人，降级的22人，降职的1人。

张居正在执法上一视同仁。一次，张居正弟弟由京返乡，保定巡抚无原则地发给他一张勘合使用驿站。张居正得知此事，立即责令其弟将勘合上缴，同时对滥发签证的保定巡抚进行了严厉的批评。

经过整顿，从根本上改变了滥用驿站的状态，保证了国家军事要务的畅通，为国家节省了大量资金，减轻了人民负担。

在整治中，张居正强调把执法和尊君结合起来，以此严肃法纪，彰显国威。张居正把破坏法纪的权贵，视为祸国殃民的大患，予以坚决打击，从不手软。

当时横行在江陵一带的辽王朱宪，是张居正少年时代的好友。此人无恶不作，民愤极大，地方官和朝廷派去查办的人员都不敢惩治。张居正得知后，毅然决定审理此案。

张居正根据朱宪犯罪事实，秉公执法，毫不留情地把他废为庶民。同时对关于此事隐情不报和失职的官员，也给予了应有的惩处。这些严格执法、惩治恶官的行动，抑制了强豪的猖狂，顺应了人民的心愿，实为张法利国之创举。

在推行考成法，整顿吏治，国家财政开始好转之后，张居正又开始清丈全国土地。

当时的赋役制度不能适应封建商品经济渐趋活跃的新变化，造成了民不聊生的政治经济危机。对此，张居正认为，只有使人民"足食"，才能做到"国富兵强"；只有改革赋税负担，才能使人民"足食"。而要改革赋役负担，减轻民生疾苦，必须从清丈土地开始。

1578年，张居正下令对全国各种类型的土地进行清丈。限3年完成。并规定凡是破坏清丈者，要"下诏切责"。清丈的结果是，把地主豪强隐漏的土地清查出来一部分。同时核实了贵族豪绅的税款，减轻了农民的负担。

在清丈土地的基础上，张居正又实行赋税制度的改革，于1518年在全国推行"一条鞭法"。

"一条鞭法"的基本内容：

赋役合并，摊丁入亩，按亩征收，计亩征银，按照土地实际占有情况向国家交纳赋税。

"一条鞭法"虽然不可能彻底执行，但因为它减轻了无地农民的负担，简化了赋役名目和征收手续，使官吏不易与豪强地主通同作弊扰民，从而缓和了阶级矛盾，增强了国家经济实力，对于挽救社会危机起到了一定的积极作用。

1575年，黄河、淮河相继决口，水患严重、修治不力，张居正不忍坐视人民流离失所，决定治理黄河，为国造福，为民解忧。

张居正知道自己不是水利专家，缺乏治河的实际经验，便推荐水利专家潘季驯总理治河工程和漕运。潘季驯以科学推算为根据，一反传统方法，提出"以堤束水，以水攻沙"的治河方针。由于张居正的支持，潘季驯的方案得以实施并取得成功。

于是，被淹没的土地田庐皆尽已出，数十年弃地转为农桑；而且畅通了

雍也仁而不佞

运河，便利了漕运。通过治河，既减少了人民由于水患所遭受的损失和痛苦，也对当时国家的财政好转及经济发展，起到了一定的促进作用。

张居正能顺应民心，锐意改革，于国于民有利，因而受到了后人的称赞与肯定。作为一代名相，张居正以天下为己任，爱国为民、任劳任怨、举废饬驰、造福社稷的功绩将永存。

于成龙享誉清官第一

清代康熙皇帝自即位以来，励精图治，是一个有作为的皇帝，除了军事和经济措施外，廉政建设也是他稳定和巩固政权的重要一环。对于像于成龙这样的清官自然大加褒奖。

于成龙，居官20多年，以其政绩和廉洁蜚声朝野，康熙皇帝褒奖他"清官第一"。于成龙自幼过着耕读生活，受到较正规的儒家教育。他在1639年曾经参加过乡试并中副榜贡生，但因为父亲年迈需要照顾而没有出去做官。

1661年，年已44岁的于成龙，接受清代朝廷委任，到遥远边荒之地广西罗城为县令。当时罗城，由于长年战乱，环境和条件极差。于成龙上任前，亲朋好友都来相劝，让他不要到那"蛮烟瘴雨"之地去吃苦。

于成龙不为所动，变卖了部分家产，凑足路费百两，怀着"此行绝不以温饱为志，誓勿昧天理良心"的抱负，毅然登程。于成龙来到广西罗城后发现，县衙院内荒草丛生，中堂仅有3间草房，内宅的茅屋内没有墙壁，破陋不堪，有时大白天竟有野兽出没。

于成龙面对这些困难，没有退却，他用石块垒起"案几"，在堂前支锅做饭，夜里睡觉头枕刀枪。用茅草搭建官署房屋，用棘条树枝编屋门。室内设置也

非常俭朴，桌子是用泥土堆的，床上铺的是几捆干草，而且办公、生活全在这一间茅草屋内。

在整治边荒的过程中，为了节省开销，于成龙出外考察时从不坐轿子，而是头戴斗笠，脚穿草鞋，有时冒着酷暑，有时踏着泥泞的道路，到乡间巡视。

为改变罗城面貌，于成龙努力招抚流亡，发展农业生产。他经常到田间察看，并与农夫农妇亲切攀谈，宣传耕作的道理，并采取一些有效的措施，诱导、鼓励人们发展生产。

百姓们见于成龙实心任事，却如此清苦，心中十分不忍。

一次，百姓见于成龙身体不好，就凑了些钱送去，他们跪在地上恳求于成龙收下："我们知道您辛苦，请收下这点盐米钱吧！"

于成龙说："我一个人在这里，要钱干什么？你们拿回去奉养父母，也就等于给我了。"

百姓们只好将钱拿回。

有一次，于成龙的大儿子从家乡来看他，他很高兴。可是在儿子临走时，他既没给钱，也没有给他带什么特产。当时厨房中正有一只咸鸭子，于成龙觉得这已经很丰厚了，于是就割了半只给了儿子。

百姓得知此事，感动得流下了热泪。有人编了这样一句民谣：

于公豆腐量太狭，

公子临行割半鸭。

于成龙在罗城奋斗几年后，使罗城县面貌大为改观，百姓的生活很是富足。

1667年，于成龙升任四川合州知州。罗城百姓听到于成龙离去的消息，呼号："大人离去，我们没有主心骨了！"赴任之日，百姓们依依不舍，送出三四百里。

于成龙一到合州，首先免除官员的随从之费，自己仅有一匹病马，以家仆自随。当时的合州，地方的官员以土产馈赠上司的习惯几乎成了风气。

一次，知府下帖，让合州送鱼。于成龙不但不送鱼，反而向上呈文，备陈合州百姓困苦之状。知府自知理亏，不但没怪罪他，反而裁革了10余件对合州不合理的摊派。

1678年，于成龙因政绩显著，升福建按察使。赴闽之前他特意嘱咐手下人买了200斤萝卜放在船上。他的一位属下听到后十分奇怪，问道："大人为何买这么多萝卜？萝卜又不是什么值钱的东西。"

于成龙解释说："我们这一去，路上要走好几天水路，萝卜便宜，可当菜吃，不是水和菜都有了吗？"

属下听后感慨地对别人说："于大人太节俭了。要是为官的都能像于大人那样，很多事就好办了。"

于成龙船载萝卜上任，是对"一任清知府，十万雪花银"、"千里为官只为财"的颠覆，成为后世从政为官者的一面镜子。

于成龙到福建上任后，仍以清苦自励，不改初衷。过了一段时间，人们发现官署后院的槐树叶子一天比一天少。开始人们没有在意。后来，人们发现于成龙的仆人每日去摘树叶，便好奇地向他询问。

仆人说："于大人非常喜欢喝茶，只是苦于当时茶价昂贵，不舍得花太多的钱去买茶叶，就想了这个主意。"

同僚们知道了这事后，有的笑于成龙"太会过"，也有人说他是"小气鬼"。可于成龙听到这些后，却认真地说："现在百姓生活相当艰苦，我们这些当官的，还真得学着'会过'，学着'小气'些！"

在当时，外国商人前来福建做贸易，有的人经常给当地官府送礼。对此，于成龙一概谢绝，真正做到了两袖清风，一尘不染。

由于于成龙的清廉名扬天下，受到了康熙皇帝的褒奖，1682 年，提升他为两江总督。

这个消息传出后，两江总督所管辖的大小官吏们便为迎接新总督忙开了。他们有的借机广收本地名产、特产，想等新官上任先奉上丰厚的见面礼，以此来博得新上司的好感；有的则忙着为新总督挑选豪华的府邸，想以此使自己和新总督的关系更亲近。

就在这些官吏们准备在新总督面前讨好争宠的时候，一天，突然有人报告：新任的总督于成龙已经到了总督府。

原来，在赴任之前，于成龙先请假回家葬母，然后雇了一辆驴车，与幼子同行，各怀钱数十文，沿途住小店不入公馆，悄无声息地到达江宁任所。于成龙做官从不带家属随任，这时因年已 65 岁，而且身体多病，所以，才带小儿子在身边侍奉。

新任总督一路没有前呼后拥的仪仗，也没有随从，只带着儿子，雇了一辆小毛驴车就上任。这一切，使那些整日花天酒地的贪官污吏们大为震惊。

于成龙上任后，第一件事是把所管辖范围的下属官吏传来，严肃地说："为官的，一定要带头奉公守法，勤恳办事，绝对不允许铺张浪费，追求奢靡。"他还告诫大家：如有违背上述规定的，一定认真追查，严惩不贷。

于成龙身为两江总督，以身作则，他的内室陈设十分的简陋，除了破旧的案几，一个装朝服的竹箱，两个饭锅之外，其余的都是他的文卷书册。

于成龙自奉简陋，每天粗茶淡饭，所食只青菜一把。他身居高位，却要求自己以粗茶淡饭度日。在封建社会，总督一级的官员，一年到头丝毫不沾美味佳肴，实属难得。加上他府中有一幅《青菜图》，因此，江南人送给他一个外号"于青菜"。

在于成龙的影响下，江南民俗有很大改变，过去人们喜欢穿着艳丽，后来，上行下效摒弃了绸缎，都以穿布衣为荣。就连士大夫家里都不再攀比奢华，自动减少了车马家奴，府邸不那么辉煌了，婚嫁也不再吹吹打打了。

1684年，年近70岁的于成龙病故在两江总督任上。人们在整理于成龙的遗物时，发现他的私人财产少得令人难以置信。他的所有遗物是：床头旧竹箱一个，里面仅有一套粗丝衣服，一双靴子；床头上有盥洗用具一套；另外还有一只旧缸，缸中有少许粗米，少许盐；除此之外便只有书籍了。

人们见于成龙生活如此清苦，忍不住哭出声来。就连平时心惮于成龙的人，也都感动流涕。于成龙去世的消息一传出，江南百姓悲痛万分，商人罢市聚哭，家家绘像奠祭。

康熙皇帝闻知，十分感慨，提笔称他是"天下第一廉吏"，还追赐他一个"清端"的谥号。

于成龙为官清廉自守，多行善政，其节操至死不变，不仅受到了时人的爱戴和敬仰，也给为官者树立了廉吏的榜样。

刘统勋的文正廉洁

清代乾隆皇帝也是一代有为之君，他发展的"康乾盛世"局面，当然少不了刘统勋这样有古大臣之风的优秀臣工。

刘统勋，为官数十载，自奉节俭，尽职尽责，清乾隆皇帝说他颇"有古大臣风"。"古大臣风"指的是具备德高才能，达能廉济天下、穷则独善其身的人。有这种"风"的"古大臣"，是集忠臣、贤臣、能臣、廉臣于一身之臣。乾隆此说，源于刘统勋做人为官之所为。

刘统勋于1724年进士，选庶吉士，从此步入仕途。后来累官至刑部尚书，工部尚书，吏部尚书，尚书房总师傅，内阁大学士，翰林院掌院学士及军机大臣。

刘统勋自任官之日起，都是在朝廷内任职。但他却从不以此炫耀，更不与他人在荣华富贵上去攀比。即使身居要职也自奉极俭。刘统勋为官清廉，不仅表现在自奉俭节，而且还能在任何场合拒绝贿赂，真正做到了"立朝侃然"。

一次，刘统勋的一位老友之子出任湖北巡抚，为寻求刘统勋对其子在日后给予关照，特派仆人登门馈送黄金千两。

面对世交故友送来的黄金，刘统勋心中十分清楚：这是有求于我。按说他可以一口拒绝，但为了给老朋友留个面子，他思索再三，最后唤其仆人来见。

刘统勋对老友的仆人说："你家主人不忘世谊，前来问候，我很感激。你回去告诉你家主人，让他把这份厚礼赠送给故交中贫穷的人吧！"

仆人听后，深为感动，代主人表示谢意，携金而回。

又一次，一位带有厚礼的人深夜来访。门人告知刘统勋后，刘统勋深知其中之奥妙，因而拒不会客。

第二天早，刘统勋来到政事堂，传人让昨夜来访者入见，并以责怪的口气对他说："昏夜叩门，这不是贤者所为。你有何事禀告，可在众人面前说出来，即使是我的过失，也可让我受益于你的劝诫规谏。"

来者听罢支支吾吾，后只好面带愧色退了出去。

刘统勋自我要求非常严格，要求他人也理直气壮。他在任都察院左都御史时，对那些贪赃枉法者从不宽容。

据史载，云贵总督恒文、云南巡抚郭一裕、山西布政使蒋洲、西安将军都赉、归化将军保德、江苏布政使苏崇阿、江西巡抚阿思哈等人贪污、受贿案，都是经刘统勋外出审查处理的，而且结论公允，让人不能不服。

刘统勋多年察看黄河、运河的河工，对河工症结非常清楚。与一般官吏多注重治工方略不同，他认为河工中的财物管理是治河成败的关键因素。对于河工侵吞国库专拨的工程款这一痼疾，刘统勋有相当深刻的认识，并提出了对治方法。

1753 年，江南邵伯湖的减水闸及高邮的车逻坝决口，乾隆帝派刘统勋等前往检查决口的原因。

南河工程的总负责人就是大学士两江总督高斌，他在雍正一朝就是江南河道总督，同时也是乾隆帝慧贤皇贵妃的父亲。此时这位治河能臣已是年逾古稀的老人。

高斌虽然本人清廉不贪，但是其属员却放肆地侵吞治河专款、偷工减料、贻误工期，以至于酿成了决口的重大事故。

刘统勋经过深入调查了解真相，将情况如实向乾隆帝做了汇报。乾隆帝遂将高斌及其副手张师载以失察罪名革职。这件事对其他河工中饱私囊是个严正警示。

1756 年，刘统勋取代被革职的富勒赫被派往治河工地勘测，主持完成加高堤坝的工程。一年后，他又前往徐州督修近城石坝。此时刘统勋已年近花甲。

在徐州，刘统勋事必躬亲，亲临治河工地，风餐露宿，保障了堤坝的质量与按时完工。

有一次刘统勋去杨桥工地视察，发现那里加固堤坝的工程已经逾期一个多月，仍然久拖未完。他询问误期的原因，有关人员解释说是由于柴火供应不上。

刘统勋听后，知道其中必有弊端，便微服私访，结果发现几百辆装满柴火的车辆就停在路边。忽然，刘统勋听到赶车人群里传来哭泣声，就马上前来询问。

赶车人愁眉不展，唉声叹气地说："河员必须收取钱财才接受柴火，我们因没钱行贿，柴火即使运到工地也不能卸车。"

刘统勋立即回到工地，对有关河员进行严惩，并积极协调柴火车辆马上进场卸车，然后迅速发放。杨桥堤坝很快就完工了。

刘统勋在朝数十年，一直以清廉著称。乾隆皇帝也深知其人。然而，真正使乾隆皇帝感动，并真正了解刘统勋，却是在刘统勋病逝之后。

1773 年 11 月的一天，刘统勋于黎明时坐轿入朝。行至东华门外，抬轿的人突然感觉轿子一侧偏重，很不对劲，就连忙掀起轿帘查看。一看之下，大吃一惊，只见刘统勋歪身轿内，已经去世了。

乾隆皇帝闻讯，急派尚书福隆安送药急救，但已不及。朝廷重臣死在上朝的途中，满朝大为震惊。乾隆皇帝十分悲痛，哭着对诸臣说："朕失一股肱！"并决定亲自去刘统勋家里吊唁。

刘统勋的家在礼士胡同。乾隆皇帝来到礼士胡同刘统勋家门外，但刘家门庭矮小，轿子抬不进去，只好将轿子顶盖拆下才抬进院子。待入室之后，又发现室内极其俭素，心中不免为之大恸。

回朝之后，乾隆皇帝对左右近臣说："刘统勋不愧真宰相，汝等宜法效之。"他让在朝的官员们向刘统勋学习。并追赠刘统勋为太傅，祀贤良祠，又赐予"文正"谥号。

清代礼制尤重"文"字和"正"字，唯有翰林出身或官至大学士者，方得谥"文"，而"正"字尤为难得。"文正"两字联璧，更非臣下所敢擅拟，非皇上特恩不得用。

清代，芸芸众生，衮衮诸公，得谥"文正"两字者，不过汤斌、刘统勋、朱珪、曹振镛、杜受田、曾国藩、李鸿藻、孙家鼐八人而已。可见"文正"两字旨在彰显名臣风范。

刘统勋一生为官，清正廉洁，秉公无私，在当时的官场之中可谓清风独标，实不枉"文正"二字。正所谓计天下利者，必得万世名。

雍也仁而不佞

束带立于朝

孟武伯问子路仁乎？子曰："不知也。"又问。子曰："由也，千乘之国，可使治其赋①也，不知其仁也。""求也何如？"

子曰："求也，千室之邑②，百乘之家③，可使为之宰④也，不知其仁也。""赤⑤也何如？"子曰："赤也，束带立于朝⑥，可使与宾客⑦言也，不知其仁也。"

【注释】

①赋：兵赋，向居民征收的军事费用。

②千室之邑：邑是古代居民的聚居点，大致相当于后来城镇。有一千户人家的大邑。

③百乘之家：指卿大夫的采地，当时大夫有车百乘，是采地中的较大者。

④宰：家臣、总管。

⑤赤：姓公西名赤，字子华，孔子的学生。

⑥束带立于朝：指穿着礼服立于朝廷。

⑦宾客：指一般客人和来宾。

【解释】

孟武伯问孔子："子路做到仁了吧？"孔子说："我不知道。"孟武伯又问。孔子说："仲由嘛，在拥有1000辆兵车的国家里，可以让他管理军事，但我不知道他是不是做到了仁。"孟武伯又问："冉求这个人怎么样？"

孔子说："冉求这个人，可以让他在一个有千户人家的公邑或有一百辆兵车的采邑里当总管，但我也不知道他是不是做到了仁。"孟武伯又问："公西赤又怎么样呢？"

孔子说："公西赤嘛，可以让他穿着礼服，站在朝廷上，接待贵宾，我也不知道他是不是做到了仁。"

【故事】

子路拜孔子为师

有一天，孔子与弟子们驾车在鲁国国都外郊游，一身武士装束的大汉挡住去路，孔子手捋胡须问道："你是哪里的人氏？"

子路回头看见孔子一副文质彬彬的样子，回答说："我是泗水人，姓仲名由，字子路。我在这里行走，与你何干？"

孔子又问子路："你喜欢什么？"

子路说道："在下喜欢舞刀弄剑。"孔子见子路虽然粗野，但也率直，便引导他说："我问的不是这个。以你的能力，加上一定的学问，努力学习，定能有一番作为。"子路不以为然地说道："学习果真有好处吗？南山上成片的竹子，无人照管照样长得笔直，砍下来做弓箭，一样能射穿犀牛皮。我没听说竹子在哪里学习过。"

孔子说："如果砍下竹子把它刮光，装上羽毛，再装上锋利的箭头，那不是射得更准更深吗？"

子路听孔子说的果然道理深刻，于是双膝跪倒在地，诚恳地说："在下是粗野之人，冒犯先生，请先生恕罪。先生学识渊博，子路愿意跟随先生，请先生收我为徒。"

自此，子路跟随孔子左右，勤奋好学，日后成为孔子门下的高徒。

晏子维护国家的尊严

春秋时期，正经历着我国历史上的第一次重大变革，不仅出现了孔子那样的思想大家，也有像晏子这样维护国家尊严的政治家和外交家。

晏子，是春秋时期齐国的相国。当时的齐国早已不是管仲为相时的齐桓公时代，中原霸主的地位早已易位，国势日渐衰微。在这种情况下，齐国外交就显得更加艰难，也变得更为重要了。

晏子不仅德行出众，而且头脑机敏，能言善辩。作为国王的主要助手，他曾经多次的出使他国，在外交过程中，有理有节，进退有度，每次都出色地完成了使命，充分表现出了维护国家尊严的忠诚与能力。

有一次，晏子奉命出使楚国，楚王听说后，就对左右人说："晏子是齐国最能言善道之人，现在他要来，寡人欲羞辱他一番，该如何做呢？"

于是，左右之人献计种种。

待到晏子如期出使楚国，到了城门口时，楚人想要嘲笑他身材矮小，因此故意不开正门，而是在正门旁开了个小门来迎接他。

在古时，家居院落等建筑会在正门旁的墙根开个小门或留一小洞，方便狗儿出入。

晏子若从小门进的话，正中楚人之奸计，无疑是受辱；若从城门进，必须找到一个理由，否则便显得无能，也是受辱。楚人就是这样给晏子出了一个两难之题。晏子一眼就看出了楚人的意图，毅然拒绝从小门入。并机智地抛出了这样一个推论，一下就解开了两难之题。

晏子对着迎接的官员说道："只有出使狗国者，才从狗门而入；而今我晏子出使楚国，不当由此门而入。"

晏子这一推论明确告诉楚人：从小门入，我晏子一人受辱，可楚人你则要付出整个楚国受侮辱的代价；你楚人不愿付出受辱的代价，则我晏子就当从城门入。你楚人就看着办吧！

迎宾官员一听，脸色发红，却无言以对，只得打开城门，请晏子从大门堂堂正正进入。在第一个回合中，晏子取得了胜利。

晏子进入朝门，楚国几十员大臣等候着。楚国治理城郊的郊尹斗成然首先发话："听说齐国在姜公封国时，强于秦、楚，货通鲁、卫，而自从桓公之后，屡遭宋、晋侵犯，朝晋暮楚，齐君臣四处奔波臣服于诸侯。但凭景公之志、晏子之贤，并不比桓公、管仲差呀，这是为什么？"

晏子说："兴败强衰，乃国之规律，自楚庄王后，楚国不是也屡次遭到晋、吴两国的打击吗？我们的国君识时务，与诸侯平等交往，怎么是臣服呢。你的父辈作为楚国的名臣，不也是这么做的吗，难道你不是他们的后代？"斗成然羞愧而退。

楚大臣阳丐上前一步说："听说你很善于随机应变、左右逢源，然而，齐国遭遇崔庆之难，齐多少忠臣志士为讨伐两人而献出生命，你作为老臣，既不能讨贼，又不能退位，更不能以死相拼，你留在朝廷还有何用？"

晏子说："抱大志者，不拘小节；庄公之死有他自身的错误。我之所以留身于朝中，是要扶助新君立国、强国之志，而非贪图个人的性命。如果老臣们都死了，谁来辅佐君王呢？"

阳丐自知无趣退下。

楚右尹郑丹上前逼问："你说得太夸耀，崔庆之难的重大事件，你只是隔岸观火，并不见你有什么奇谋？"

晏子答："你只知其一，不知其二，崔庆结盟，我未干预；四族之难，我正在保全君王，这正是宜柔宜刚，怎么说是旁观呢？"郑无话可答。

楚太宰启疆闪出发问："你贵为相国，理当美服饰、盛车马，以彰显齐国的荣盛。你怎么骑着瘦弱的马、穿着破旧来呢，还听说你这件狐裘，已经穿了30年了，你是不是太吝啬了。"

晏子笑答："你太见小了，我自从居相位来，父辈有衣裘、母辈有肉食、妻族无饥荒，同时，依靠我救助的还有70多家。我个人虽然节俭，而富于三族、解除群士之难，这不是更显示出君王的德正吗？"

启疆叹服。

楚王车右囊瓦指问："我听说君王将相，都是魁梧俊美之相，因而能立功当代、留名后人。而你身不满5尺，力不能胜一鸡，你不觉得羞愧？"

晏子坦然自若地回答："秤砣虽小，能压千斤；舟桨空长，终为水役。侨如长身而被鲁国所杀，南宫万绝力却死于宋国，你自以为高大，还不是只能为楚王御马吗？我虽然不才，但能独当一面，忠心为国效犬马之力。"

囊瓦羞愧难当。

楚大夫伍举见大家难当晏子，忙解围说："晏子天下奇才，你们怎么能

束带立于朝

跟他较劲呢？算了算了，楚王等着召见呢！"

晏子觐见楚王后，却又面临着"话难听"这一关。楚王为之设宴赐酒。坐定后，楚王故意问晏子："难道齐国没有人了吗？怎么派你当使者呢？"

楚王仗着"势"大气粗，完全不把晏子放在眼里，更不把晏子当人看。明明活生生的人一个出现在楚王面前，可楚王他口出难言"齐国没有人了"，简直是目中无"晏子"！

晏子作礼答道："齐国的临淄城有750百户，人人张袖可成荫，挥汗可成雨，行人来往川流不息，站立时必须并肩接踵，怎么会没有人呢？"

晏子有意误解楚王之意，而楚王仍不善罢甘休，又再次质问晏子："那为什么要派你出使呢？"意欲置晏子于难堪之中而后快。

面对质问，晏子机智地予以了反击。他答道："齐国派遣使者，各有所出使的对象，贤者出使于贤君，不贤者出使于不贤之君。晏子最为不肖，故最适合出使楚国。"

晏子假因溯果，先说齐王选派使臣的原则是各有所用，人尽其才。齐王的这一原则显然是出自晏子的机智假设。然后，他再说自己是最不肖者，有意贬低自己，说不肖的晏子我就只配出使到最不肖的君王的楚国了。

晏子的这番回答，其实是接连套用了这样的逻辑：大前提是，凡是无才无能之人，就只配出使无才能的君王的国家；小前提是，我晏子是最不肖的人，故只配出使到最无才能的君王的国家；结论是，既然我晏子出使的是楚国，那楚国的君王就是最无才能的君王了。

晏子就是这样轻而易举地把楚王贬折了一番，使得楚王哑巴吃黄连，有苦说不出，只好无言以对。于是笑着赐晏子酒。

这时，楚王还不善罢甘休，他还有另外的计策。待饮酒尽兴时，恰好有两个小臣绑一人从殿前经过，经过楚王面前，楚王问道："绑住的人怎么了？所犯何罪？"

臣子答道："是齐国人，所犯是盗窃之罪。"

楚王又看着晏子，说道："难道齐人生性喜欢偷窃的吗？"

晏子离席而起回答楚王："晏子听说，橘子生在淮南为橘，其味甜美，若生长在淮北就变成枳，酸小涩苦，其叶虽似，但果实味道却不相同。为何会如此呢？实是水土不同的缘故啊。如今人民生活在齐国不偷窃，来到楚国却偷窃，这难道是楚国的水土使他发生了变化吗？"

楚王见无论如何都羞辱不到晏子，反让自己感到羞愧，于是笑着说道："圣人真是不可加以戏弄的啊，寡人欲让您受辱，反而自取其辱了。"

楚王依据事先的谋划，与"两个小臣"同唱双簧戏，暗中将晏子推入他们预计的陷阱中。殊不知，晏子灵机闪现，一个犀利的橘、枳类比，反将楚王推进了他们自设的陷阱中。楚王又一次聪明反被聪明误的自取受辱，落得自我难堪的境地。

晏子出使楚国，楚王却想借机羞辱晏子，面对这种种困境，晏子竟能游刃有余，不仅自身不受辱，也保护了齐国的国威，还巧妙地使对方自感羞愧，有力地维护了国家的尊严，真可谓是不辱使命。

晏子就是这样聪明机智，既不辱使命，楚国和齐国的百姓、大臣、诸侯、君王都敬重他的人品和才华。

隋文帝杨坚开皇之治

581 年初，以丞相身份控制了北周朝政的杨坚，接受北周静帝宇文阐的禅让即皇帝位，这就是隋文帝。他定国号为大隋，改元开皇。

为了巩固政权，隋文帝在即位之初，就开始了北击突厥的计划。

突厥后来成为北方唯一的强大国家。北周曾每年给突厥的沙钵略送礼物，沙钵略更加骄横。

隋文帝即位，不再给突厥礼物，沙钵略怨恨，起兵大肆侵扰。隋文帝的谋士长孙晟认为，应该用远交近攻、离间强部、扶助弱部的方法。

隋文帝完全采纳长孙晟的献策，派遣使人到西面联络达头和阿波，使沙钵略分兵防西，又到东面联络其他部落，使沙钵略分兵防东。结果，突厥内乱，攻战不息，各可汗都遣使向隋文帝请和求援，隋文帝一概不许，让他们继续互斗。

最后，突厥各部或臣服或被灭，取得边境安宁。

隋文帝的北击突厥，打击了外来势力的嚣张气焰，同时稳定了东亚局势。为隋朝发展乃至中国后世安稳发展奠定了牢固基础。

隋文帝在北击突厥的同时，于587年征战后梁皇帝萧琮，最后灭掉梁国。

588年秋，隋文帝在寿春设淮南行台省，以次子杨广为尚书令，全面负责灭陈的战役。

第二年年初，隋军顺利南下渡过长江，很快攻下建康。长江上游的陈军知大势已去，也都解甲投降。

至此，陈朝灭亡。

隋文帝在统一全国后，为了长治久安，立刻进行了一系列的政治和经济改革。

一是确立三省六部制。中央设尚书、门下、内史三省，以尚书令、纳言、内史令为长官，行使宰相职能，辅助皇帝处理全国事务。内史省负责起草并宣行皇帝的制诏；门下省负责审查内史省起草的制诏和尚书省拟制的奏抄；尚书省是国家最高行政机关。

在三省之下，又设置吏部、礼部、兵部、都官、度支、工部六部。每部设尚书为长官。

尚书令下有尚书左、右仆射各一，左仆射判吏、礼、兵三部事，右仆射判度支、都官、工部三部事。尚书令与左、右仆射及六部尚书合称"八座"。583 年，改度支为民部；都官为刑部。

二是简化地方官制。隋文帝在确立了三省六部制的中央机构后，又对地方机构进行了改革。沿北齐、北周制设州、郡、县三级地方机构。后废郡，改为州、县二级制。州设刺史，县设县令。

三是修订"开皇律"。隋文帝对前代 81 条死罪、105 条流罪、1000 余条酷刑以及灭族等都一概废止。同时，又减轻了许多法律的内容，对犯人处置采取审慎态度，而不是草菅人命，有效地防止了冤案的发生。

四是颁布均田令。隋文帝在北齐、北周均田制的基础上，颁布均田令。均田令规定：丁男、中男受露田 80 亩，永业田 20 亩，妇女受露田 40 亩。奴婢 5 人者给 1 亩。永远耕种，不需归还，可以在受田者死后归还。对一般农民，采取轻徭薄赋鼓励农桑的政策，对于豪强贵族兼并土地的行为则给予打击，以保证农民的正常生产。

五是设置粮仓。隋文帝时所设的粮仓分两种，即官仓和义仓。官仓的粮储，用以供养军公人员。设置官仓的目的，即是在增加关东漕运的效率。也就是把原来关东各州对京师个别直接的输粮办法，改为集中和分段运输的办法。

据唐人的估计，至隋文帝临终时，天下仓库的积储可供全国五六十年正

束带立于朝

常使用。这对人民的生活来说，自是一项有力的保障。

六是改革货币。隋文帝统一了币制，废除其他比较混乱的古币以及私人铸造的钱币，改铸五铢钱，世称"隋五铢"。除此之外，度量衡也在隋文帝时重新统一。

七是建大兴城。隋朝开国之初，都城仍在长安旧城，因久经战乱，残破不堪，不能适应新建的统一国家都城的需要。隋文帝放弃龙首原以北的故长安城，于龙首原以南汉长安城东南选择新址。

582年初，命宇文恺负责设计建造大兴城，翌年3月竣工。大兴城的设计和布局思想，对后世都市建设及日本、朝鲜都市建设都有深刻的影响。

八是开凿广通渠。隋文帝于584年命宇文恺率众开漕渠。自大兴城西北引渭水，循汉代漕渠故道而东，至潼关入黄河，全长有150多千米，名广通渠。这是修建大运河的开始。

604年，隋文帝因无精力处理朝政，不得不把大权移交给皇太子杨广。这年4月，文帝在大宝殿去世。葬于太陵。

朽木不可雕

子谓子贡曰："女与回也孰愈①？"对曰："赐也何敢望回？回也闻一以知十②，赐也闻一以知二。"子曰："弗如也。吾与③女弗如也。"

宰予④昼寝⑤，子曰："朽木不可雕也，粪土之墙不可杇⑥也；于予与何诛？"子曰："始吾于人也，听其言而信其行；今吾于人也，听其言而观其行。于予与改是。"

【注释】

①愈：胜过、超过。

②十：指数的全体。

③与：赞同、同意。

④宰予：字子我，孔子的学生。

⑤昼寝：白天睡觉。

⑥杇：泥工抹墙的工具，指把墙面抹平。

【解释】

孔子对子贡说："你和颜回两个相比，谁更好一些？"子贡回答说："我怎么敢和颜回相比呢？颜回他听到一件事就可以推知十件事；我呢，知道一件事，只能推知两件事。"孔子说："是不如他呀，我和你都不如他。"

宰予在白天睡觉，孔子说："腐烂的木头是不能雕刻的，粪土垒的烂墙也不能粉刷；对于宰予啊！不值得我去责备他了。"

孔子说："最初，我对于他人，听到别人的话，就相信他的行为；现在，我对他人，听到别人的话，却还要考察他的行为了。从宰予这件事以后，我改变了观察人的方法。"

【故事】

孔子批判朽木不可雕

宰予，字子我，也称宰我，春秋时鲁国人，孔子的学生。宰予小孔子29岁，能言善辩，被孔子称为其"言语"科的高才生，排名在子贡前面。

宰予言辞美好，能说会道，就这一点给孔子留下的印象不错。可是不久，宰予暴露出一些毛病：既无仁德又十分懒惰。

一次，鲁国的国君问宰予用什么木料可以做宗庙祭祠的木料，宰予大胆地说："夏代用松木，殷代用柏木，周代用栗木，用栗木的意思是使人民战栗。"

孔子知道后，觉得宰予对鲁哀公有教唆的嫌疑，而且对周代的解释也有失公正，所以就批评了他。

一次，宰予向孔子提出要把三年之丧的传统礼制改为一年，如此非礼的问题，受到了孔子毫不客气的批评。

一天，孔子给弟子们讲课，宰予却在房里睡大觉。孔子听了，十分生气。

孔子骂他是"朽木不可雕也"。

孔子说："腐烂的木头是雕刻不得的，粪土似的墙壁是粉刷不得的。宰予是一个言行不一的学生，从他那里我得到了教训，要改变一下态度，再听别人的话的时候，我要考察他的实际行为，绝不能再以言取人了。"

蔡邕倒屣而迎王粲

汉代重礼，不仅帝王谦和好礼，更有著名学人以礼待人，成为流传后世的佳话。在这之中，东汉时期著名的文学家和书法家蔡邕"倒屣而迎"王粲的故事，显示出他对待朋友的极大热情和一片诚意。

那是在 190 年，汉献帝迁都长安，蔡邕也一起到了长安。蔡邕当时已经59 岁了，担任汉献帝的左中郎将，进出常是前呼后拥，真可谓才学显赫，贵重朝廷了。

当时，在现在的山东高平有个叫王粲的人，他出身名门，曾祖王龚、祖父王畅都曾位列三公，父亲王谦为大将军何进的长史。

王粲幼年时特别喜好读书，精通古代文学以及秦汉以后的诗文，并且练就了写作基本功。据说王粲记忆超群，可以过目不忘。

有一次，他与朋友一起走路，看见路旁有一通石碑，两个人站在那里把碑文看了一遍。

朋友开玩笑问他："王兄，你能把碑文背下来吗？"王粲竟然转过身去，一字不差地背了下来。

还有一次，王粲看别人下围棋，下棋的人一不小心掀翻了棋盘，弄乱了棋局。对弈的两人正在懊恼时，王粲说："别慌，我能恢复棋局。"下棋人认为王粲在吹牛说："这棋盘上有两三百个棋子，看一眼就能记住，除非你是神仙！"

王粲凭着自己的记忆，很快摆出了原来的棋局。

下棋的人还是不相信他能摆对，就用手帕把棋盘盖住，另换一个棋盘让他摆。王粲很快就摆好。下棋人一看，两个棋局一模一样，没有一个棋子错位，这才真服了。

王粲不光是记忆力惊人，创作能力也很惊人，长篇大论，提笔便成，几乎不用改，因此常有人认为他作文前已经拟好文字了。其实别人即使精心深思的文章，也不能超过他。

王粲为了生计，曾经在街头设案代笔，为人们写家信，很受老百姓的欢迎。当时有很多百姓家里的人在外面跑，有做生意未归的，有在边关服役未满期限的，还有打听亲朋旧友下落的，或者商量两家儿女婚姻期限的，都来请王粲代笔写信。

王粲的信写得十分出色，很擅长模拟发信人的口吻，将事情原委讲得清楚明白，读信人见信如面，亲昵之情跃然纸上。

有一位弃妻出走的丈夫，在外地收到妻子的信，不禁失声痛哭，深深被妻子的痴情所感动，终于归来，与妻子破镜重圆，和和美美地过日子。

还有一位青年和尚收到老母的家信后，信中尽述母亲度日之艰难，晚景之凄凉，顿生愧疚之心，毅然退出佛门，重返尘世，极尽孝子之心。

这一消息不胫而走，人们纷纷传说京城出了个"王铁笔"。

有一天，这事终于传入了高门大户，被蔡邕知道了。他听说王粲的一纸书信竟能使和尚还俗感到诧异，便对仆人说："快去请那位'王铁笔'来，我想看看他到底有没有真本事！"

因为蔡邕身任要职，事务繁多，所以这一天下朝回到家中后，倦意袭了上来，连午饭也没吃，本想靠在竹榻上歇一会儿，不知不觉就睡着了。这时，老仆人匆匆地走了过来，见主人正在午睡，一时欲进不进的样子。

蔡邕女儿蔡文姬忙问有什么事，仆人回答："小姐，门外来了一个叫王粲的人，说要求见老爷。"

蔡文姬当时只有10多岁。她自小耳濡目染，既博学能文，又善诗赋，后来成为大诗人，是历史上著名的才女和文学家。

蔡文姬听了老仆人的禀报，她想起，由于父亲的才学著称于世，又被朝廷器重，平日来访的车马挤满闾巷，家中常是宾客满座的。

但父亲素来就很尊重人才，从不摆架子，从不傲慢，很善于与人交往，好朋友很多。父亲还多次交代过她：只要有客人前来拜访，一定要礼貌接待；假如他不在家，就必须让客人留下名帖以便日后回访。

现在王粲来访，父亲早就多次念叨过此人的名字，肯定是很想见他的。想到这里，她轻轻地摇醒了父亲。蔡邕猛地惊醒，睁开惺忪的睡眼问："又该上朝了吗？"

蔡文姬忍不住"扑哧"一声笑了，说："爹，现在是午后，哪是上朝的时间呢？"

蔡邕打了个呵欠，再问："有什么事吗？"

蔡文姬说："王粲先生来拜访到了门口。"

"快请他进来！"蔡邕立刻吩咐道。

仆人把王粲领进来，59 岁的左中郎蔡邕看着王粲，笑着说："哎呀，没想到你竟是一位少年，我还以为是一位年过花甲的老先生哩，快快请坐！"

王粲自觉地位低下，不敢入座。

蔡邕说："我今天以文会友，何必客气呢！"

王粲连连称谢。

主人一边吩咐给客人看茶，一边谈起了文章之道。

王粲见蔡邕这样一个大名鼎鼎的前辈，如此谦恭对待自己这样一个后辈，十分感动。

在交谈中，蔡邕发现，这位少年对答如流，显露出惊人的文学才华，蔡邕非常高兴，不禁对他更为器重了。双方谈得很投机。蔡文姬在一旁听着，也受益匪浅。

当问及王粲的家世的时候，蔡邕眉头一紧，缓缓地说："我想请你答应两件事，不知可否？"

王粲说："大人请说吧！"

蔡邕说："第一件事，请你今后常来，我们可以多多切磋、商讨；第二件嘛，请你给我这个花厅写一首诗吧！"

王粲思索了一下，挥笔写下了一首诗，连连说："我这是班门弄斧，献丑了。"

蔡邕看也没看，便命仆人取 20 两银子，作为酬谢。其实，蔡邕这是变着法子周济王粲呢！从这以后，蔡邕和王粲成了忘年交。

有一次，蔡邕设宴请客，门外车马喧闹，室内高朋满座，都是一些有头有脸的社会名流。不一会儿，仆人凑近蔡邕的耳朵，低声说："门外王粲也来了，他想见您。"

古时候，人们在家里有个脱鞋席地而坐的习惯。蔡邕一听，急急忙忙趿拉上鞋子，跑出门外去迎接，很有礼貌地把王粲接进屋里，连声说："尊客请坐！请茶！"说话间，脚下一绊，差点摔了一跤。王粲连忙扶住他。旁边的蔡文姬忽然指着蔡邕的脚，失声说："爹！您穿错鞋子了！"

蔡邕低头一看，自己也不禁失笑：原来刚才他出门太慌忙了，左脚跷着右脚的鞋子，右脚跷着左脚的鞋子，而且两只鞋都倒穿着。

在场众人见主人如此慌慌张张的样子，以为必是有什么社会名流驾到，大家纷纷起立，不料来的人却是一个布衣少年。

蔡邕看到大家的眼神，赶紧解释："这是司空王畅的孙子，才高八斗，连我也不如他。我家的书籍文章，都应该送给他，才算物归其主。"

从此，蔡邕礼待布衣，"倒屣迎宾"的故事便流传开来。王粲后来成为东汉"建安七子"之一，是个著名的文学家。

在那个时候，人与人之间的身份、地位、尊卑是分得非常清楚的。众人看到蔡邕能够放下大学者、大官的身份，如此敬重一个貌不惊人的年轻人，都感到很吃惊；而蔡邕唯才是重，对年轻的王粲谦逊礼待的举动，又不能不令人敬佩。

蔡邕倒屣而迎王粲的故事，真可谓：肝胆两相照，道义耀古今。

孔融让梨的谦让之礼

汉代对道德教育非常重视，很多家庭都非常注重道德常识的传授。因此，孩子们懂得凡事应该谦让的礼仪。其中孔融让梨就是著名的一例。

孔融家学渊源，是孔子的第二十世孙，泰山都尉孔宙之子。家父好学，治严氏《春秋》，举孝廉，授郎中，迁元城令。

孔融小时候就聪明好学，4 岁时，已能背诵许多诗赋，并且懂得礼节，父母亲非常喜爱他。孔融有五个哥哥，一个小弟弟，兄弟七人相处得十分融洽。

孔融小时，他家的院子里有一棵梨树，秋天时节，大白梨挂满枝头。小哥儿几个常在树下玩耍。

孔融是个非常懂事的孩子，每当有人从他家门前走过，孔融都要打声招呼，该叫什么就叫什么，最后总忘不了说声"再见"，邻居都夸他是个懂礼貌的好孩子。

这一天，是一年一度的中秋节，孔融的父亲从外面买了一些瓜果。此时正是大白梨成熟的季节，就打发仆人去院里摘梨，让果品更丰盛些。小哥儿几个一听，兴致盎然，纷纷跟着仆人来到了院子。

仆人搬来梯子，正准备上树摘梨，孔融见仆人年纪大了，担心他摔着，就跟三哥孔褒说了。孔褒自告奋勇，要上树摘梨。仆人千叮万嘱，让他一定小心，然后把筐子递给已经上树的孔褒。

孔融让梨

孔褒摘了满满一筐梨，仆人正要拿到屋里，这时，孔夫人见孩子们半天没回屋，怕有闪失，就出来查看。她发现孔褒在树上，就问仆人："这么高的树，孩子上去多危险呀！"言语间有几分责怪之意。

孔融赶紧说："母亲，是三哥怕他年纪大摔着，就主动要求上去摘的。"

仆人在一旁也说："是，是！"心里感激孔融为自己解释。

这时，孔夫人又发现除了孔融外，几个孩子的衣服下面鼓鼓的，马上明白了是怎么回事，就故意问道："你们几个的衣服下面是怎么回事呀？"

孔融又马上站出来说："母亲，他们是在玩用梨下蛋的游戏呢！"

孔融的弟弟问已经下树的三哥："我们没玩梨下蛋的游戏呀？"

孔褒赶紧说："你别说话！他这是在帮我们呢！"

小弟吐了吐舌头。

孔夫人自然明白孔融的意思，但不说破。她知道孔融这样说，是为了既不让自己生气，也巧妙地化解那几个淘气鬼的尴尬，心下甚是欣慰。

仆人放好方桌，摆上梨子。在方桌对面的墙上，挂着一幅孔圣人的画像。画像下面的案台上，摆放着丰盛的祭品。

父亲带着大家先祭祀先祖孔子，然后，一家人围在桌旁。母亲特地挑了一个最大的梨子给孔融。她其实是在奖赏孔融方才的举动。

孔融却将梨送到三哥面前，双手捧给他，说："哥哥，这个大的应该你吃。"

三哥孔褒说："你吃吧，这是母亲给你的。"

孔融说："书上说，弟弟敬重哥哥，这叫'悌'，这是应该照着做的。"

父亲看见了，心里很高兴。别看这孩子才4岁，还真懂事哩！就故意问孔融："这么多的梨，你为什么把大的给了哥哥？"

孔融回答说："我年纪小，应该把大的给哥哥吃。"

父亲又问他："你还有个弟弟哩，弟弟不是比你还要小吗？"

孔融说："我比弟弟大，我是哥哥，我应该把大的留给弟弟吃。"

他父亲听了，哈哈大笑说："好孩子，好孩子，真是一个好孩子。"

孔融4岁，知道让梨，上敬哥哥，下让弟弟，大家都很称赞他。在一旁的仆人也连连夸赞说："公子真是懂事呀！大人，孔家又出了个大孝子呀！"

孔融让梨的故事，很快传遍了曲阜，并且一直流传下来，成了许多父母教育子女的好例子。

孔融小时候，不仅品学兼优，而且善于思考。他才思敏捷，巧言妙答，大家都夸他是"奇童"。

孔融10岁那年，有一次父亲外出拜客，他随父亲到达京城洛阳。当时著名的士大夫李膺也在京城，如果不是名士或他的亲戚，守门的人一般是不通报的。孔融想看看李膺是个什么样的人，就登门拜访。

李膺时任青州太守，他家的守门人见来了一个10岁的孩子，忙把他拉住，问道："你是谁家小孩，到一边去玩吧！"

孔融严肃地回答说："请你进去通报，说山东孔融来访。"

守门人见他一本正经，也不知是什么来头，就笑着问："小公子，可有红帖？"红帖就是红色请柬。

孔融说："我家和你家主人世代交往，又有师生之谊，无须红帖，你只管去通报吧！"

守门人怕慢待贵客，只好进去通报。

这时李膺正和许多文人雅士交谈，听了通报，一时想不起这位孔融和自己家庭是什么关系，只好说："请进！"

小孔融兴冲冲地走进大厅，一边向主人问候，一边拱手招呼各位来宾，态度不亢不卑。

李膺一边让座，一边打量着这位俊才少年，心里好生奇怪，于是问道："小公子，你说我们两家世代交情，我怎么想不起来啊？"

孔融微笑着说："500年前，孔子曾经问礼于老子，孔子姓孔，老子姓李，说明孔、李两家500年就有师生之谊。今你姓李，我姓孔，也是师生关系，我们两家不是累世通家吗！"孔融语出惊人，在座客人无不暗暗称奇。

李膺不禁哈哈大笑起来："小公子真神童也。"

后来中大夫陈韪来到李膺府第，宾客把方才这件事情告诉他，他却不以为然地说："小时候聪明的人，长大后未必有作为。"

面对挑战，孔融笑着说："这样说来，先生小时候一定很聪明。"

这一巧妙对答，弄得陈韪面红耳赤无言回对，暗暗坐在一旁生气。孔融则目不斜视，装着大人模样，一本正经地喝着茶，引得众人哈哈大笑。

李膺大笑，说："你这么聪明，将来肯定能成大器。"

后来，孔融果然成为东汉末年的著名文学家。他和王粲等七人被合称"建安七子"。而在"建安七子"中，孔融辈分最高，是"建安七子"之首。

孔融是继蔡邕之后的文章宗师，也擅诗歌。他的文章内容大抵为伸张教化，宣扬仁政，荐贤举能，评论人物，多针对时政直抒己见，颇露锋芒，个性鲜明。

自汉代以来，孔融的文学才能和他的品格一直被广泛流传。

陶谦三让徐州给刘备

汉代礼仪文化的感召力，对地方军事领袖也产生了巨大影响。陶谦和刘备在管理徐州这件事上相互谦恭礼让，算得上是一个典型的例子了。

那是在东汉末年，军阀纷争，战乱不已。当时的徐州刺史陶谦宽厚容让，廉洁贤明，深得官民的拥护和爱戴。陶谦感到自己年事已高，应当选一个有才能的人，早日接替自己，为徐州百姓造福。他有两个儿子，但都不成器，没有能力，又不宽容。他认为让他们接任，会给徐州百姓带来灾难。

有一年，陶谦的部将张闿因见钱起歹念，杀死曹操的父亲曹嵩，夺去财宝逃走了。曹操就亲率大军攻打陶谦，扬言血洗徐州。

刘备和孔融应陶谦的请求，带兵前去救援他。刘备英勇善战，舍生忘死，打退曹军后，首先进入了徐州城。

陶谦早就听说过刘备礼贤下士，宽宏大度，今日一见，更觉得他胸怀大志，

朽木不可雕

出语不凡，决定把徐州让给他管辖。就命人把徐州刺史的官印取来，双手递给刘备。

刘备愕然，慌忙地起身离开座位，连连摇手，说："您这是什么意思？"

陶谦诚挚地说："现在天下大乱，生灵涂炭。玄德您是汉室宗亲，而且才能卓越，年富力强，正是为国为民尽忠出力的时候。我已年迈，又缺少能力，情愿将徐州相让。请你接受我的委托，收下印信。我马上写表，申奏朝廷，希望你不要推辞。"

刘备听后，坚决地说："我功微德薄，现在担任平原相还担心不称职，怎么敢接受徐州之任。我本为解救徐州而来，现在让我得到徐州，是陷我于不仁不义之地。您莫非怀疑我有吞并徐州之心吗？万万不能从命！"

陶谦的这一次出让徐州，倒不是故意试探刘备，而是真心实意的。因为他面对曹操的重兵围攻，早已心力交瘁。

在乱世中，割据一方土地是何等的重要和显赫，怎么可能拱手相让给一个素不相识的人呢？刘备当时就是因为没有自己的地盘，只能寄人篱下，没法更快发展。所以，刘备的第一反应就是认为陶谦怀疑他有别的意思，是假借救援之名，要行吞并之实。

刘备为了表明自己确实是出于道义，绝没有非分之想，只好对天发誓。

陶谦坚称自己确实是真心诚意，要把徐州交给刘备。陶谦再三相让，刘备坚辞不受。这时，谋士们说："现在兵临城下，还是商议退敌之策要紧。

等形势稳定下来，再相让不迟。"

陶谦只好暂时放下。这是陶谦第一次让徐州。

随后，刘备写信给曹操，说明张闿杀曹父之事，确实和陶谦无关，请求曹操退兵。事实上，此时的刘备根本没资本和曹操开战，曹操本来也不想给刘备面子，但吕布在这个时候借机出兵，来袭曹操的后路，曹操担心腹背受敌，不得不退兵，于是，就假装给了刘备一个顺水人情。由此，刘备的这封书信也就成了保全徐州的一大功绩。

曹操退兵后，徐州城里摆宴庆祝。酒至数巡，陶谦再次提出了相让徐州。

陶谦这一次的理由除了先前表达过自己年老体衰，精力匮乏之外，还增加了新的理由。他说："我已风烛残年，两个儿子缺少才能，担任不了国家重任。玄德德高才广，又是汉朝王室的后代，我认为由他担任徐州刺史，最合适不过了。我情愿拱手相让，闲居养病。"

刘备这时已知道陶谦确实是发自内心的相让，但还是不敢接受。刘备的想法是："我前来救援，本是出于道义。如果就此占了徐州，别人一定会以不义的名声来责备我。"因此还是坚辞不受。

陶谦的别驾从事糜竺也来帮腔说服刘备："现今天下混乱，正是英雄豪杰建功立业的大好时机。徐州殷富，户口百万，使君千万不要推辞！"

糜竺的分析是极有道理的，对于刘备来说，如果能拥有徐州这块富庶的地盘，对于他实现胸中抱负绝对是一个良好的开端。

陶谦的典农校尉陈登也劝说刘备道："陶府君体衰多病，无法署理大事，使君您一定不要推辞。"

糜竺、陈登两人本是陶谦的下属，这时也帮着陶谦来说服刘备，说明陶谦的十足诚意。但刘备还是不敢受，他思前想后，想出了一个替代性的办法来为自己解围。他说："袁术四世三公，名望极高，又近在寿春，为什么不把徐州让给他呢？"

朽木不可雕

但陶谦等人根本看不上袁术，不可能平白无故将一个富庶之州让给袁术。他抱着刘备，流着泪说："你若不答应，离我而去，我是死不瞑目啊！"

大家都劝刘备接任。刘备手下名将张飞快言快语地说："你又不是强要他的州郡，是陶刺史好心相让，何必苦苦推辞。"

刘备被逼得急了，眼看无法推脱，只好拔出宝剑说："如果你们一定要陷我于不义，那我只能一死了之了。"

最后，陶谦只好说："玄德一定不肯答应，那就暂时放下这件事。不过，在这附近有座小城叫小沛，请你暂在那里驻军，帮我保卫徐州，不要再回平原了。"

刘备勉强答应了这个请求。

陶谦的第二次相让徐州，结果还是以失败告终。

不久，陶谦忽然患病，而且一天比一天沉重。他知道将不久于人世，决定第三次向刘备提出让徐州，就以商议军务的名义，派人从小沛把刘备请进府中。

刘备赶到时，陶谦已经奄奄一息，他紧紧握住刘备的手说："请玄德来，就是让你接受徐州印信，你还要以国家为重。由你来治理徐州，我死也瞑目。"

刘备说："您有两个儿子，为什么不传给他们？"

陶谦说："他们缺乏治理政事的才能和能力。我死后还希望玄德好好教导他们，但万不可传位于他们。"刘备还要推托，但见陶谦手指胸口，慢慢地咽了气。这个时候，刘备就是想推让，也没有适宜的理由了。只好勉强接受了徐州太守的印信。

徐州官民遵照陶谦的遗言，一致拜请刘备接受官印。刘备推辞不了，只好答应暂时管理徐州。

陶谦为了徐州百姓，真心让城，不传给儿子；刘备决心匡扶汉室，但不夺人之美。在当时的历史条件下，他们两人可算是遵行谦恭礼让的两面镜子。

刘备礼贤而三顾茅庐

刘备不仅在领管徐州时不夺人之美，而且他无论对什么身份的人都给予礼遇，不是刻意为之，而是一种做人原则。他三顾茅庐礼求诸葛亮，更是他诚意待人的典型例证。

刘备屯兵新野时，更加渴望建功立业，因此决心寻求有远见卓识的人辅佐自己，以便尽早摆脱势单力孤的困境，扩充自己的实力。

一天，当地的名士司马徽对刘备说："能看清天下大势的，是那些有真才实学的英雄俊杰。我们这里的'卧龙'和'凤雏'就是这样的俊杰。"

刘备忙问："他们都是谁？"

司马徽说："这两人是诸葛亮和庞统。您得到两人当中的一个，就可以成就一番事业了。"

当时诸葛亮就在距离新野所在地区毗邻的隆中。善于网罗人才的刘备闻知，高兴地说："我急需这样的人才！"并表示哪怕山高路远，行走不便，也非亲自去请他不可。

207年深冬的一天，刘备带着二弟关羽、三弟张飞，到隆中邀请诸葛亮。谁知诸葛亮恰好外出不在家，刘备只好扫兴而归。

当时，27岁的诸葛亮正在襄阳以西的隆中隐居。这位有政治抱负的青年，常把自己比作管仲和乐毅，是难得的一位将才、谋士，自称"卧龙"，立志要干出一番事业来。他虽然躬耕隆中，但却苦读经史，熟知天下兴衰的道理，还潜心钻研兵法，兼备将才。同时，他也时刻注视着现实政治斗争的形势。

刘备回到新野，不断派人到隆中打听诸葛亮何时在家。当打听到诸葛亮外出已经回到家时，刘备当即决定二请诸葛。

朽木不可雕

这个时候，张飞不以为然地说："一个平民百姓，派个武士把他叫来就得了，犯不着让大哥你一再去请。"

刘备说："诸葛亮是当代大贤，怎么能随便派个人去叫他呢？你还是痛痛快快地跟我去吧！"刘备说服了张飞，叫上关羽，3人骑马直奔隆中而去。

这一天，北风呼啸，大雪纷飞，冷得实在令人难以忍受。张飞对着刘备大嚷："我等何苦找此罪受！不如等天晴再说。"

刘备却说："贤弟，咱们冒此大风雪，不怕山高路远，去请诸葛亮，不正表明了我们的一片诚意吗？"

3人继续往前赶路。不料，这一次刘备又未见到诸葛亮，只好写了一封信托诸葛亮的弟弟转交，说明来意，并表示择日再访。

二请诸葛亮未果，转年的春天，刘备更衣备马，决定第三次去拜访诸葛亮。但关羽、张飞竭力劝阻。

关羽说："我们两次相请，都未见到他，想必他徒有虚名，不敢前来相见。"

张飞更是带着轻蔑的口吻说："我们已仁至义尽，这次只需我一人前往，他如若不来，我就将他绑来见你。"

刘备连忙说道："三弟不得无礼！如果没有诚意，哪能请到贤人呢？"刘备3人飞马直奔隆中，来到诸葛亮的草庐前。此时诸葛亮正在午睡。刘备唯恐打扰诸葛亮，不顾路途疲劳，屏声敛气地站在门外静候，直至诸葛亮醒来，童子入内禀报，刘备才敢求见。

刘备见了诸葛亮，说道："久慕先生大名，3次拜访，今日如愿，实是平生之大幸！"

诸葛亮说："蒙将军不弃，三顾茅庐，真叫我过意不去。亮年幼不才，恐怕让将军失望。"

在当时，刘备先是叫旁边的人退下，然后才对诸葛亮说："现在汉室瓦解，群雄混乱，奸臣专权，主上蒙尘。我不度德量才，想伸张大义于天下，完成统一大业，振兴汉室。由于智术短浅，屡遭失败，至今一无所成。不过，我的壮志并未因此减退，仍然想干一番事业。望先生多多指教。"

刘备谦虚的态度，诚恳的情意，使诸葛亮很受感动。于是，诸葛亮便将天下形势向刘备做了一番精辟的分析，为刘备筹划了实现统一的战略和策略，勾画了"三足鼎立"的蓝图。这就是名垂千古的《隆中对》。

诸葛亮在论述了目前形势后认为，荆州北靠汉水、沔水，直至南海的物资都能得到，东面和吴郡、会稽郡相连，西边和巴郡、蜀郡相通，这是大家都很想争夺的地方。他还分析了益州的形势，认为益州地势险要，有广阔肥沃的土地，自然条件优越，物产丰富，汉高祖刘邦就是凭借益州建立了帝业。

接着，诸葛亮提出自己的看法："将军既是皇室的后代，而且声望很高，名闻天下，广泛地罗致英雄，思慕贤才，如饥似渴，如果能占据荆、益两州，守住险要的地方，和西边的各个民族和好，又安抚南边的少数民族，对外联合孙权，对内革新政治。

"一旦天下形势发生了变化，就派一员上将率领荆州的军队直指中原一带，将军您亲自率领益州的军队到秦川出击，老百姓谁敢不用竹篮盛着饭食，用壶装着酒来欢迎将军您呢？如果真能这样做，那么称霸的事业就可以成功，汉室天下就可以复兴了。"

刘备说："好！"从此，刘备与诸葛亮的关系一天天亲密起来。用刘备自己的话说，"我有了孔明，就像鱼得到水一样。"

为了完成"兴复汉室，还于旧都"统一天下的大业，诸葛亮怀着统一全国的政治抱负，离开了隆中茅庐，出任刘备的军师。他忠心耿耿地辅佐刘备，为"三国鼎立"局面的确立做出了巨大贡献。

刘备认为诸葛亮是他所寻找的最理想的辅弼人才，就恳切地请他出来帮助自己。诸葛亮为他诚挚的态度所打动，决心辅佐刘备创建大业，实现安国济民之志，就毅然随刘备来到新野，共商军机大事。

刘备为求贤才诸葛亮，三次亲顾茅庐，求得大贤，成就大事。"三顾茅庐"也成为千古佳话。

吾亦欲无加诸人

子曰："吾未见刚者。"或对曰："申枨①。"子曰："枨也欲，焉得刚？"

子贡曰："我不欲人之加诸②我也，吾亦欲无加诸人。"子曰："赐也，非尔所及也。"

子贡曰："夫子之文章③，可得而闻也；夫子之言性④与天道⑤，不可得而闻也。"

【注释】

①申枨：姓申名枨，字周，孔子的学生。

②诸：之于。

③文章：这里指孔子传授的书礼乐等。

④性：人性。

⑤天道：天命。

【解释】

孔子说："我没有见过刚强的人。"有人回答说："申枨就是刚强的人。"孔子说："申枨这个人欲望太多，怎么能说是刚强呢？"

子贡说："我不愿别人强加在我身上的事情，我也不愿意强加于别人。"孔子说："赐啊！这不是你所能做到的了。"

子贡说："老师讲授的礼、乐、诗、书的知识，我们听得到；老师讲授的人性和天道的理论，我们就难得听到了。"

【故事】

孔子的廉政思想形态

廉政思想是孔子治国思想的另一个重要方面。孔子的廉政思想包括了"仁政""以身作则""身体力行""知过必改"。此外，他还提出来"举贤才"的施政措施。这些思想都已经成为后世为政之大端。

儒家政治学说的核心是实行"仁政"。孔子是儒家学派的创始人，他提出的"爱人"二字，是以"仁政"治天下廉政思想的高度浓缩。"仁者爱人""为政以德"，直接把"仁"与"爱"结合，反映了孔子要求执政者从自身做起的思想。

孔子在周游列国时，一次走到泰山脚下，见一老妇人在坟前痛哭，问起原因，她说自己的公公、丈夫、儿子为了躲避官府的苛政来到山中，结果都被老虎吃了。孔子听后感慨地说："苛政猛于虎也！"

在孔子生活的那个时代，无论是旧的奴隶主贵族还是新兴的地主贵族，无一不在盘剥百姓，以致出现了"苛政猛于虎"的残酷现实。

孔子对于不顾民众死活，只顾个人利益而疯狂盘剥民众的残暴行径，是十分反感的。他主张"为政以德"，要"节财""利民""富民""使民以时"。他要通过施行"仁政""德治"实现理想社会。

有一次，4个学生坐在孔子身旁，孔子让他们各言自己的志向。子路说到用武力治国，冉求说到用经济治国，公西赤说到用外交治国，孔子都不甚满意。

后来曾点说："暮春三月，在和煦的暖风里，我陪同五六个成年人，六七个小孩，在沂水旁边洗洗澡，在舞雩台上吹吹风，一路唱着歌走回来。"

孔子对曾点的理想表示十分赞赏。他认为，一个国家强盛了，富裕了，还要进行道德教育和文化熏陶。只有这样，才能真正天下太平，达到"老者安之，朋友信之，少者怀之"的境地。

孔子在周游列国后回到鲁国，当时的鲁国丞相季康子对孔子非常敬重，他很想和孔子长谈一次，请教一些治国的道理。

吾亦欲无加诸人

一天，季康子主动上门拜访，宾主见面后各依礼而坐。

孔子说："丞相以重礼迎丘归国，使丘结束流浪生活，得以落叶归根，恩重如山，实当厚报，然丘不敢越礼，故先拜谢国君，后谢丞相，还望丞相恕罪！"

季康子笑着说："先生何出此言，为人臣者，理当如此！望先生不必客气。我今来此，是向先生请教何谓政治？"

孔子回答说："政者，正也。丞相率先行正路，百姓谁敢肆行偏邪呢？"

正说着，孔子的弟子、正在担任季康子宰臣的冉求来报告，说又抓住一些盗贼，不知做何处置。

季康子见国内盗贼为患，苦于无法管束，感叹地对孔子道："盗贼四起，抓不胜抓，这么多的盗贼从何而来？"

孔子坦诚相告："这事在上而不在下，如果为官者自己都不贪图财货，即使你奖励偷盗，他们也不会去偷。"

季康子听了孔子这番话，心中有些不悦，便命令冉求说："把抓来的那些盗贼统统给我杀掉！"

孔子说："丞相治理政事为什么一定要用杀人的办法呢？正民先正官，吏治好了，民风自然就会好。君子之德是风，百姓之德是草，风从草上吹过，草必定随着风倒，这个浅显的道理，难道丞相还不晓得吗？"

季康子反问："先生的'仁政''德治'，莫非是不要刑罚吗？"

孔子从容镇定地回答说："丘倡导以仁化民，以德治天下，并非废除刑罚。治国，当宽猛相济。政宽，则百姓慢，慢则当摄以猛；政猛，则百姓苦，苦则施以宽。宽以济猛，猛以济宽，宽猛相济，则政和而民服。"

孔子反对杀人，主张"仁政"和"德治"。在上位的人只要善理政事，百姓就不会犯上作乱。这里讲的"仁政"，是有仁德者的所为。否则，必然会引起百姓的反对。

在廉政方面，孔子除了强调"仁政"和正人先正己外，他还是第一个提出"举贤才"思想，并把它作为改革政治的措施加以论述。

孔子认为，选拔人才与治理国家二者之间的关系十分密切，他认为，舜得到5位贤才为臣，才将天下治理得井井有条，英明的周武王也是有10位贤才的辅佐。因此，他主张为政者应当赦小过，举贤才，将正直的人提拔起来，使其地位居于邪恶人之上，这样便能使邪恶之人效仿学习，也可能变得正直。

如何选拔使用人才，孔子提出了自己的一系列主张和观点。

在选人标准方面，孔子主张选拔德才兼优的人委任职务。像管仲、子产、微子、箕子、比干、澹台灭明、史鱼都是德才卓异、纯正耿直的人，应予以任用。举用这样的人，有了一批精明干练的文臣武将，即使国君昏庸无能，也不至于导致国家败亡。

在选人的办法方面，孔子提出了许多建议。比如："听其言而观其行""视其所以，观其所由，察其所安""众恶之，必察焉；众好之，必察焉"，只有"乡人之善者好之，其不善者恶之"的人可以免察。简单地说，就是要重事实，不轻信言语，要看本质和主流。

在因能任职方面，孔子认为，必须根据所选人员的才能委任职务，才能大的任要职，才能小的任卑职。委任职务时，还要考虑到个人的专长和性格特点。

孔子谈到他的几个学生时认为，像子路其人，有胆有勇，性格率直，可以治理一个国家兵赋；冉求谦虚，多才多艺，可以管理一个大县邑的政事；公西赤通达礼节，可以做个外交官员。

孔子的因能任职的看法，是很有见地的，他认为用这个原则去使用人才，定能做到才尽其用。

孔子还认为，执政者能否将政事做好，就在于能否团结人。执政者应该严于律己，宽以待人。他强调说，各级官吏要以道义相交，不能以私利相处，应庄重矜持，团结亲善，而不能尔虞我诈、争权夺利、结帮拉派。只有这样，管理阶层内部才能团结一致，政事才能做好，政权才能巩固，国家大治才有希望。

孔子还认为，随着形势的发展和国事的需要，各级官员的职位自然会有变动，作为真正忠于国事的为政者，就应能上能下，提升官职不喜，降职或免职也不怒。

总之，孔子的廉政思想是非常丰富的。他面对当时的政治现实，在总结历史的经验和教训的基础上提出的廉政思想，在古代历史上是有着深远的影响的。

老子以水喻廉政的说法

在先秦时期思想家中，老子的廉政思想，旨在提出了为人、为官、为政的原则和规范，这是他辩证思想的一个组成部分。

老子，春秋末期思想家、道家创始人。老子与孔子、墨子等人一起，将尧舜禹的"公仆意识"理论化，从而构建了古代廉政思想的文化长廊。

老子自幼聪慧，静思好学，常缠着家人要听国家兴衰、战争成败、祭祀占卜、观星测象之事。父母望子成龙，就请精通殷商礼乐的商容老先生教授。商容通天文地理，博古今礼仪，深受老聃一家敬重。

老子在商容的教育下，天文、地理、人伦，无所不学，《诗》《书》《易》《历》《礼》《乐》无所不览，文物、典章、史书无所不习，3 年而大有长进。后来，商容生病了，老子就去看老师。他见老师病情严重，就说："先生的病已经很重了，难道您没有什么话要留给弟子们的吗？"

商容听到老子问起，便说："你就是不问我，我也会要告诉你一些话的。"

老子一听，便挺直腰板，说："愿先生教我。"

商容说："我先问你，经过故乡要下车步行，你知道这里面的道理吗？"

老子回答说："我知道。经过故乡要下车步行，意思是说不要忘记过去。"

商容听到老子回答，嘻嘻一笑，说："你回答得对。我再问你，经过乔木的下面要快步走，知道这里面的道理吗？"

老子回答说："经过乔木的下面要快步走，意思是说要敬重年长。"

商容又嘻嘻一笑，说："你又回答对了。"说着，他将口张开，指着口腔，向老子说道，"你看，我的舌头还在吗？"

老子回答说："舌头还在。"

商容又问："我的牙齿还在吗？"

老子回答说："您的牙齿都掉光了，没有了。"

商容便对老子说："你知道其中的道理吗？"

老子突然明白了师父要讲什么，便恭恭敬敬地回答说："我明白了，您要说的就是舌头还在，因为它是柔软的，牙齿没有了，因为它刚强的缘故。这就是说，柔弱胜刚强。"

商容见老子领悟得如此迅速，非常高兴，他"嘿嘿"一笑，对老子说道："你讲得非常对。天下的事理都在这里面了，我再也没有什么可以告诉你的了。"

这是一个很典型的故事。在这个故事中，商容说路过故乡的时候应该下车，老子马上领会到这是教育他不要忘本。

所谓"一方水土养一方人"，所谓"饮水思源"，都与这段问答有关。古人在自己有所成就之后，都要感父母的恩，感乡亲的恩，感故乡的恩，或者回馈故乡，或者铺路修桥，或者出资办学，其中体现的就是这段问答的精神。

商容说见到高大的树应该快步向前表示敬意，老子马上领会到这是教育他要敬老。

看到老人家、看到长者，为什么要向他们致以敬意呢？因为他们有丰富的知识，丰富的人生阅历，丰富的经验，因而能够形成"春风化雨"般的感染力，无须多言，光是跟随身旁，就有许多受用。

商容用舌头与牙齿的存亡做比喻，暗指柔能克刚，老子又一次领会了这是教育他处世之道。

纵观老子为后世留下的《五千言》，我们很能看到治国理政、为人处世等方面的论述，体现了他对"以柔克刚"的深刻理解。遇到这样有悟性的学生，还有什么遗憾呢？难怪商容高兴地说自己没有什么可以教他了。

公元前 538 年的一天，鲁国的孔子和弟子南宫敬叔前往洛阳，拜访老子。老子见孔丘千里迢迢而来，非常高兴，教授孔子礼乐之源，道德之要。又在临别之际，在黄河之滨给孔子讲水德，说"上善若水"，使孔子大受教益，深得为政、做人之妙道。

大约在老子 70 多岁的时候，天下大乱，诸侯之间争夺地盘和权位的战争经常发生。老子预料到，将来会发生更大的战乱，所以就辞官不做，骑着一头青牛离开了洛阳向西走去，打算远走高飞了。

老子离开洛阳向西必须要经过函谷关。函谷关两山对峙，中间一条小路，因为路在山谷中，又深又险要，好像在函子里一样，所以取名为"函谷关"。守关的长官是尹喜，称"关令尹喜"，是一个修养与学识极其高深的人。

一天清晨，善观天象的关令尹喜突然看到东方紫气氤氲，便出关相迎。果然见到一位气质非凡、仙风道骨的人，骑着一头青牛慢慢向关口行来。竟然是老子！尹喜早知其名，一见之下，惊喜万分。

尹喜知道他要远走高飞了，就一定要让这位当代最著名的思想家留下他的智慧来，于是缠着他，要他写一点著作作为放他出关的条件。

老子当然是不太愿意的，但是如果不答应关令尹喜，他是不会放自己过关的。老子没办法，于是只得答应条件。

另外，老子答应他还有一个原因。尹喜能看天象，看星宿，看云气，看到一团紫气飘来便知是圣人来了，因此也佩服这位智者，知道这个人非同一般，更有一种得遇知音的感觉，于是就为他著书了。

那时老子沉思默想，将他的智慧一个字一个字地写在了简牍上，先写了上篇，又接着写了下篇，据说写了几天，共写了 5000 字左右。这样，一部《五千言》的惊天动地的伟大著作诞生了！

后来人们把老子的这篇文章分成 81 章，印刷成书，取书名就叫《道德经》，又叫《老子》。其上篇叫《道经》，下篇叫《德经》。

据说，尹喜读到这样美妙的著作，深深地陶醉了，被吸引了。他对老子说："读了您的著作啊，我再也不想当这个边境官了，我要跟您一起走，恳请您答应我吧！"

老子莞尔一笑，同意了。据说，当时关令尹喜真地跟着老子出走了，据说后来还有人看到他们两人一起在西域流沙河那儿出现过，而且都活了好长好长的岁数。

老子一生济世渡人，教化众生，让人们懂得宇宙万物之道的真理。他的思想都留在了《道德经》中，其中也包括政廉思想。在《道德经》中，老子以水为喻，论述了他的做人、政廉的思想：

> 上善若水。水善利万物而不争，处众人之所恶，故几于道。居善地，心善渊，与善仁，言善信，正善治，事善能，动善时。夫唯不争，故无尤。

意思是说：最高的善行像水那样。水善于帮助万物而不与万物相争，它停留在众人所不喜欢的地方，所以接近于道。向善的人居住要像水那样安于卑下，存心要像水那样深沉广博，交友要像水那样宅心仁厚，说话要像水那样诚信，为政要像水那样有条有理，办事要像水那样尽自己所能，行为要像水那样适时适度。正因为像水那样与万物无争，所以才没有烦恼。

其实，老子最高尚的、最伟大的品格就是像水一样。做人也好，执政也罢，要做到廉洁如水。这是老子倡导的为人处世、无为而治的根基。

总之，老子的思想博大精深，其为政廉洁、抵制贪欲、清心养廉、为德以廉、无为而治等思想，是廉政文化建设不可或缺的思想资源。2000多年过去了，这些思想仍然闪耀着威严的光芒，直透人心，观照社会。

墨子的廉洁施政主张

墨子，战国时期著名的思想家、教育家、科学家、军事家，墨家学派的创始人及主要代表人物。墨子对传统的公仆意识的阐发，体现为以兼爱为核心，提出了节俭、尚贤、廉政的施政主张。

"兼爱"是墨子最著名的思想。墨子认为社会上出现强执弱、富侮贫、贵傲贱的现象，是因天下人不相爱所致，因此主张平等与博爱。

墨子把兼爱思想也运用到了政治上，形成了节俭、尚贤、廉政几大节点，这是墨子提出的施政主张。墨子继承和发扬夏禹不怕艰苦，无私奉献的精神，并以夏禹为榜样，提倡节俭。

夏禹为了治水，水里来泥里去，吃不好睡不好，搞得腿肚子无肉，小腿上无毛，为利天下，极为辛苦。后来的墨者，都崇尚大禹精神，以羊皮粗布做衣，穿着木屐草鞋，日夜不息，以自苦为原则，不这样就不称为墨者。在这种思想的指导下，墨子节俭精神体现在其各种主张和行为之中。

墨子认为，圣王之所以能称王天下，其关键就在于他们爱民利民，谨忠谨厚。这是夏禹的精神，也是节俭的出发点，只有如此，才能忠信相连，真正做到节俭。

墨子的节俭思想观念，是出于对社会的腐败糜烂的忧患，浪费无度的痛惜。他认为，圣王治理国家和天下，都是"用财不费，民德不劳，其兴利多"。

衣裳、宫室、甲盾、舟车求其实用，而不要豪华。

当时有一个叫曾国的小国，它的国君非常浪费奢侈，每次吃饭的时候都要上几百道菜，这些菜有的甚至连尝都没尝过就被倒掉了。他的一顿饭足够一个穷人吃几个月了，可他每次不是嫌菜太少，就是嫌味道不好，经常骂仆人："就这么点儿菜，让我怎么吃饭，你们是不是想饿死我呀？"

墨子知道了这件事以后，就对人说："曾国就要灭亡了！"

有人问墨子"你凭什么说曾国要灭亡了？难道你听说有哪个大国要攻打它吗？"

墨子坚定地说："我是从它的国君吃饭的习惯中知道的。他这么浪费，大臣们也一定会受他的影响，不知节俭。"

墨子进一步阐述道："君臣不知百姓劳作的辛苦，只知一味地剥削百姓，满足自己奢侈浪费的生活，这样只会导致百姓生活越来越困苦，一个个挨饿受冻，最终逼得百姓人人都想造反。如果一旦有别国来攻打，百姓没有反抗能力，或者有反抗能力的也不想反抗，这样的国家能不灭亡吗？"

果然，没过多久，正像墨子预言的一样，曾国很快就被别的国家灭掉了。

墨子要求其他国家为了防止像曾国那样灭亡，同样可以得出这样的结论：奢侈浪费有时会关系到国家的生死存亡。显然，奢侈浪费是与大禹精神完全违背的。

为了提倡节俭，墨子和他的学生们，过着十分俭朴的生活，身上穿的是粗布短衣，脚上穿的是麻鞋木屐，吃最简单的饭菜，住最简陋的房子。

墨子极力主张节俭，反对浪费。他曾经对自己的学生说过："我们这个社会差不多有一半的财富被浪费掉了。如果这一半节约下来，那社会不就等于多了一倍的财富吗？"

墨子不但自己非常节俭，当他听到有人浪费时，也总是毫不客气地指责批评。

在当时，奴隶主、王公贵族们去世后，要劳动人民为他们营建坟墓。棺材外面用很大的木椁，还捆3层牛皮。逝者穿着非常讲究的衣服，一起埋葬的有玉器、丝织品、饮食用具等数不清的珍贵的东西，地下要修巨大的墓穴来埋葬这些东西。

为了减轻人民的负担，墨子反对奴隶主、王公贵族奢侈浪费的寄生生活，提出"节用"、"节葬"的主张。他说："人们穿衣服是为了御寒，夏天防暑热和雨水；制造车船是为了便利交通。"因此，他坚决反对在衣、食、住、

行方面的任何浪费。

关于埋葬逝者，墨子说："一个人去世了，有 3 寸厚的木板做棺材就可以了；只要有几件衣服，不让死人赤身裸体就够了；至于坟墓，只要能掩埋住棺材，止住尸体的味道就行了，又何必坑挖得很深，土堆埋得像小山那么高呢？"

此外，墨子一生不但节俭，而且勤劳。墨子是一位精通机械制造的人，他特别擅长制造防御战争中使用的器械。他曾亲手制造了许多对人民的生活和生产有用的东西。

墨子的"尚贤"是指尊重有才德的人，这是墨子的一个重要主张，常与"兼爱"并称。它包括选举贤者为官吏，选举贤者为天子国君。

墨子自己在培养和选拔人才上是很有讲究的。耕柱是墨子的得意门生，不过，他老是挨墨子的责骂。有一次，墨子又责备了耕柱，耕柱觉得自己真是非常委屈，因为在许多门生之中，自己是被公认的最优秀的人，但又偏偏常遭到墨子指责，让他感觉很没面子。

一天，耕柱愤愤不平地问墨子："老师，难道在这么多学生当中，我竟是如此的差劲，以至于要时常遭您老人家责骂吗？"

墨子听了后反问他道："假设我现在要上太行山，依你看，我应该要用良马来拉车，还是用老牛来拖车呢？"

耕柱回答说道："再笨的人也知道当然要用良马来拉车。"

墨子又问："那么，为什么不用老牛呢？"

耕柱回答说："理由非常简单，因为良马足以担负重任，值得驱遣。"

墨子说："你答得一点也没有错。我之所以时常责骂你，也只因为你能够担负重任，值得我一再地教导与匡正你。"

为了把耕柱培养成贤者，墨子可以说是煞费苦心。

墨子要求君上能尚贤使能，即任用贤者而废抑不肖者。他认为，国君必须选举国中的贤者，而百姓理应在公共行政上对国君有所服从。墨子要求上面了解下情，因为只有这样才能赏善罚暴。

作为一个平民思想家，墨子把"尚贤"看得很重，以为是政事之本。他特别反对君主用骨肉之亲，对于贤者则不拘出身，提出"官无常贵，民无终贱"的主张。反映了当时平民阶层希望打破宗法制度，争取自身政治权利的心声。

墨子的廉政思想体现为是否利国利民，并为执政者制定了相关的标准。他认为：兴利除弊、造福黎民，是廉政建设的根本宗旨；义利统一、义在利先，是廉政建设的价值选择；尚贤立本、公平公正，是廉政建设的可靠依托；节俭节葬、恤民惠民，是廉政建设的题中要义；营造氛围、高层垂范，是廉政建设的关键所在。

这些标准反映和代表了劳苦大众的利益诉求，在一定程度上体现了以人民为价值主体和评价主体的思想。这在墨子生活的时代，无疑具有强烈的针对性和先进性。

戴逵幕后取智铸佛像

戴逵，字安道，谯郡铚县（即今安徽宿县）人，东晋学者、雕塑家和画家。戴逵淡泊名利，一生隐居不愿出来为官，而他哥哥则想着建立领兵拒敌的功业。太傅谢安对他哥哥说："你们兄弟两人的志向和事业为什么相差那么远呢？"他哥哥说："因为我忍受不了那份清苦，而家弟也改变不了他的乐趣。"

戴逵曾为会稽山阴灵宝寺作木雕无量寿佛及胁侍菩萨。这尊6尺高的无量寿佛木像，是戴逵精心制作的成功作品，但他还不满足，为了吸取众人智慧，使作品在艺术上达到炉火纯青的佳境，他邀请了许多人欣赏木像，并让他们随意品头品足。

可是事与愿违，欣赏木像的人们当着戴逵的面尽说些悦耳的话，提意见轻描淡写。这怎么能行呢？戴逵灵机一动便藏在木像后面的帏幔里偷听。凡是欣赏木像的人对木像提出的缺点，戴逵都一一记下来，等人们散去，就进行修改。

如此 3 年，直到欣赏木像的人提不出意见了，他才将木像送到灵宝寺。

由于这尊木像集众人智慧反复修改完成，因此，其雕刻水平达到了无与伦比的地步。

唐高祖李渊奠定霸业

李渊出生在关陇贵族家庭，7 岁时就被当时的北周朝廷袭封唐国公。隋文帝杨坚建立隋朝后，李渊跟随杨坚，成为隋朝的重臣。

但他受到后来皇帝隋炀帝的猜忌，便暗中发展自己的势力。617 年，李渊在儿子李建成和李世民等人的支持下，在晋阳即今太原公开打出了反隋的旗号。

李渊自晋阳起兵后，以四子李元吉留守晋阳，以长子李建成和次子李世民分率左、右三军，出兵关中，攻取长安。途中击败了隋军的连续阻击，直逼河东，进而对长安形成包围之势。不久，隋都长安被李渊攻陷。

618 年，李渊在长安称帝，建立唐朝。

李渊称帝后，许多隋将割据称雄，农民起义军也称霸一方，全国处在四分五裂状态。于是，李渊开始了统一全国的战争。

李渊首先消灭的是对关中构成威胁的薛举、薛仁杲父子，将陇西并入唐朝境内。随后，他派人卧底擒杀凉王李轨，将河西五郡并入唐朝境内。

这时对李渊统治的核心地区构成威胁的，就只剩下刘武周的割据政权了。

刘武周于619年勾结突厥，南侵并州，唐并州总管、齐王李元吉抵挡不住，太原危急。

接着，刘武周攻陷平遥、介州，李渊派裴寂抵御，结果大败，几乎全军覆没。刘武周乘胜进逼太原，李元吉弃太原逃归长安。

在这紧要关头，李世民请求率军讨伐刘武周，在龙门将刘武周击溃，部将尉迟敬德投降。刘武周后被突厥杀死，并州归入唐朝的版图。

620年夏，李渊派李世民率军攻打洛阳。窦建德出于自保，引兵10万人进军成皋。李世民率军阻击，俘虏窦建德。王世充见大势已去，于是投降。河北诸县也相继归唐朝。李渊的势力基本上控制了黄河流域。此外，李渊还派兵收服了占据长江中游地区的地方势力，长江中下游地区为唐所有。

李渊兼并了割地称雄的地主武装后，便把矛头指向窦建德旧部刘黑闼的部队，最后控制了河北、山东地区。随后，李渊的大军又直指江淮，将江南、淮南纳入唐朝版图。至此，李渊父子基本上统一了全国。

李渊称帝后，一边进行统一战争，一边加强政权建设。唐朝前期的政治、经济、军事制度，在李渊时期基本上初具规模。

在军事制度方面，李渊在均田制之上实行了府兵制。这是一种兵农合一的制度，即兵士平时在家生产，农闲时由兵府加以训练，若遇到战争发生，则出征打仗。

在官僚制度上，李渊继续实行隋朝的三省六部制，但对各自的职责有了更明确的划分。

在法律上，李渊废弃了隋炀帝的许多苛政，修订了唐朝法律。

在科举方面，李渊继承了隋朝的科举制并在其基础上加以完备，但同时也恢复了隋朝废除的中正官，以本州高门士人充任，不过大都只是名誉职务，用人权仍在吏部，而吏部用人的主要途径还是科举。

在农业方面，李渊颁布均田制，将田地平等地分配给农民，并对捐税做了调节，减轻了受田农民的负担。李渊的这些措施，为后来唐太宗李世民时期的"贞观之治"打下了坚实的基础。

然而，李渊因统一了全国而产生了骄傲自满的情绪，也不再关心政事，整天与嫔妃在后宫玩乐。

此时，以李世民为首的"军功党"和以李建成为首的"太子党"为争夺皇位继承权明争暗斗，展开了你死我活的斗争。

626年夏，李世民率心腹尉迟敬德等人在玄武门杀掉李建成和李元吉，史称"玄武门之变"。尉迟敬德将李建成和李元吉被杀死的消息告诉李渊，李渊听后惊得目瞪口呆。

随后，在大臣的建议下，李渊将大权完全交给了李世民，并立李世民为太子。两个月后，李渊不得不退位，开始了太上皇的生活。

635年，李渊因病去世。葬在献陵。

吾亦欲无加诸人

敏而好学，不耻下问

子路有闻，未之能行，唯恐有闻。

子贡问曰："孔文子^①何以谓之'文'也？"子曰："敏^②而好学，不耻下问，是以谓之文也。"

子谓："子产^③有君子之道四焉：其行己也恭，其事上也敬，其养民也惠，其使民也义。"

子曰："晏平仲^④善与人交，久而敬之^⑤。"

【注释】

①孔文子：原名孔圉，卫国大夫，"文"是谥号，"子"是尊称。

②敏：敏捷、勤勉。

③子产：春秋末期杰出的政治家和外交家。

④晏平仲：齐国的贤大夫，名婴。

⑤久而敬之："之"在这里指代晏平仲。

【解释】

子路在听到一条道理但没有亲自实行的时候，唯恐又听到新的道理。

子贡问道："为什么给孔文子一个'文'的谥号呢？"

孔子说："他聪敏，爱好学问，又谦虚，不以向不如自己的人请教为耻，因此用'文'字来作为他的谥号。"

孔子评论子产说："他有君子的四种道德：行为庄重；侍奉君主恭敬认真；教养人民有恩惠；役使百姓有法度。"

孔子说："晏平仲善于与人交朋友，相识久了，别人越发尊敬他。"

【故事】

周公树立为公的典范

尧舜禹的"天下为公"精神，在周王朝时期得到了继承和发扬。周公以亲身实践，使"天下为公"成为让社会普遍接受的社会文明，这在世界人类文明发展史上实属仅见。

周公，姓姬名旦，是周文王姬昌第四子，周武王姬发的弟弟。因其采邑在周，爵为上公，故称"周公"。

在周文王时，周公就很孝顺，仁爱，深得周文王的器重。后来，周公辅佐周武王伐纣，取得了胜利，被封于鲁。周公没有到封国去享受个人安逸，而是派长子伯禽去管理鲁地，他自己留在王朝，辅佐周武王，为周安定社会，建立制度。

在当时，新建立的周王朝面临着严重的困难，商朝旧贵族们准备复辟，而周公辅政，又有违于王位世袭制中父死子继的原则，引起周室集团内部的矛盾，商纣王子武庚与"三监"管叔、蔡叔等人发动叛乱，严重威胁着周王朝的稳定。

为了维护新生政权，周公曾经奉命3次东征，最后平定了"三监之乱"，又归降50国，终于奠定东南。胜利凯旋后，周公又选址洛邑建设新都。

洛邑位于伊水和洛水流经的伊洛盆地中心，地势平坦，土壤肥沃，南望

龙门山，北倚邙山，群山环抱，地势险要。伊、洛、瀍、涧四水汇流其间。据东西交通的咽喉要道。顺大河而下，可达殷人故地。顺洛水，可达齐、鲁。南有汝、颍两水，可达徐夷、淮夷。确实是定都的好地方。

公元前 1019 年左右，东都洛邑建成。周公在这里又召集天下诸侯举行盛大庆典。在这里正式册封天下诸侯，并且宣布各种典章制度，也就是所谓"制礼作乐"。为了巩固周的政权，周公先后发布了各种文告，从这里可以窥见周公总结夏殷的统治经验制订的各种政策。

为了招揽人才，周公唯恐失去天下贤人。即使是在洗头时，如有贤士来访，也要握着尚未梳理的头发，赶紧出来迎接；在吃饭时来了贤士，也要吐出口中的食物，迫不及待地去接待。这就是成语"握发吐哺"的典故。

握发吐哺体现了周公求贤若渴，以天下为己任的高尚情怀，千百年来，不知让多少人为之感动。

周公无微不至地关怀年幼的周成王姬诵。有一次，周成王病得厉害，周公很焦急，就剪了自己的指甲送到大河里，对河神祈祷说："今成王还不懂事，有什么错都是我的。如果要死，就让我死吧！"一代良臣的拳拳之心，更是天地可鉴。

后来，有人在周成王面前进周公谗言，周公为了使新朝安定团结，不引起内乱，就忍辱负重，不计个人得失，躲避到了楚地。不久，周成王翻阅库府中收藏的文书，发现在自己生病时周公的祷辞，为周公忠心为国的品质感动得流下眼泪，立即派人将周公迎回来。周公回周王朝以后，仍忠心为王朝操劳。

周公摄政 7 年后，周成王已经长大成人，于是周公归政于周成王，自己回到大臣的位子。

周公在国家危难的时候，不避艰辛挺身而出，担当起王的重任；当国家转危为安，走上顺利发展之路的时候，毅然让出了王位，这种大公无私的精神，始终被后代称颂。他为周王朝的发展呕心沥血，忠心耿耿，直至逝世，终天下大治。

周公临终时要求把他葬在成周，以表明守护周成王的忠心。周成王心怀谦让，把他葬在毕邑，在周文王墓的旁边，以示对周公的无比尊重。

周公的种种天下为公之举，成了后世为政者的典范。后来孔子的儒家学派，把周公的人格作为最高典范。

孔子总结天下为公思想

尧舜禹及周公开创的"天下为公"政治局面，是儒家所推崇的社会理想。至春秋时期，儒家创始人孔子面对"大道废弛"的现实，致力于恢复周王朝的典章制度，并提出了自己的见解。

有一次，孔于参加鲁国的腊祭。祭祀结束后，他出来在宗庙门外的楼台上游览，想到鲁国当时的现状，不禁感慨长叹。

站在孔子身边的弟子言偃不解地问道："老师，您为什么叹息？"

孔子回答说："尧舜禹及夏、商、周三代英明君王当政时，那是大道实行的时代，可惜我孔丘都没有赶上，我对那样的时代心向往之。"

言偃问道："老师所说的大道是什么呢？"

孔子阐述说："大道实行的时代，天下为天下人所共有。选举有德行的人和有才能的人来治理天下，人们之间讲究信用，和睦相处。所以人们不只把自己的亲人当亲人，不只把自己的儿女当作儿女，这样使老年人能够安享天年，使壮年人有贡献才力的地方，使年幼的人能得到良好的教育，使年老无偶、年幼无父、年老无子和残废的人都能得到供养。男子各尽自己的职分，女子各有自己的夫家。

"人们不愿让财物委弃于无用之地，因而不一定要把财物藏在自己家里，而要使它有用处。人们担心有力使不上，因而不一定是为了自己也要积极出力。因此，阴谋诡计被抑制而无法实现，劫夺偷盗杀人越货的坏事不会出现，所以连住宅外的大门也可以不关。这样的社会就叫做大同世界。"

孔子接着说道："如今大道已经消逝了，天下成了一家一姓的财产。人们各把自己的亲人当作亲人，把自己的儿女当作儿女，财物和劳力都为私人拥有。诸侯天子们的权力变成了世袭的，并成为名正言顺的礼制，修建城郭沟池作为坚固的防守。制订礼仪作为纲纪，用来确定君臣关系，使父子关系淳厚，使兄弟关系和睦，使夫妻关系和谐，使各种制度得以确立，划分田地和住宅，尊重有勇有智的人，为自己建功立业。所以阴谋诡计因此兴起，战争也由此产生了。"

"夏禹、商汤、周文王、周武王、周成王和周公旦，由此成为三代中的杰出人物。这6位君子，没有哪个不谨慎奉行礼制。他们彰昌礼制的内涵，用它来考察人们的信用，揭露过错，树立讲求礼让的典范，为百姓昭示礼法的仪轨。这种社会就叫'小康'。"

孔子一生致力于恢复周礼，努力实现尧舜禹所开创的和周公所实践的社会理想。为了实现这一理想，他在鲁国中都任司寇期间，做了许多卓有成效的工作，使中都的社会面貌焕然一新。对此，鲁定公对孔子自任司寇以来所表现的德才很敬佩。

有一天，鲁定公召见孔子时，对他说："中都邑在你主政时，治理得很好，老百姓都在念着你，寡人想再派一个能干的人主政，你就推荐一个合适的人选吧！"

孔子想了想说："我有一个弟子叫冉伯牛，可担此任。"

鲁定公笑着说："先生，你推荐了宓子贱做了单父的县官，推荐冉求、子路做了季氏的家臣，如今又推荐你的弟子冉伯牛去做县官，不怕人家说你只重用自己的亲信弟子吗？"

孔子回答道："主公不是说要求推荐一个合适的人选吗？至于亲信不亲信，未去这样考虑，我只考虑了冉伯牛是个道德修养很高的人！"

鲁定公同意了孔子的推荐，他决定让冉伯牛担任中都宰。不料，冉伯牛还未去中都上任，就害了一场恶病，孔子亲自去看望过他，叹息地说："这样有德行的人为什么生这样的病！"不久，冉伯牛病逝。孔子将冉伯牛病故的情况报告了鲁定公。

鲁定公说："那就请你再推荐一个合适的人去继任吧！"

孔子回答："公敛阳堪当此任。"

鲁定公感到惊诧，说道："公敛阳当初在成邑，拒绝堕三都，你是知道的。先生不记前仇倒也罢了，却推荐他去担任要职，这是为何？"

孔子回答说："主公是要我推荐一个适合做中都宰的人选，我个人与他有无仇怨，我没有考虑，只考虑了公敛阳符合主公提出的条件。"

鲁定公说："先生举贤既不避亲，也不记仇恶，真是一位君子！"

孔子认为，为官者能否选贤任能对于治理好国家是十分重要。上述史实说明，孔子对人才的重视和选拔，与周公"握发吐哺"如出一辙，也可以看出孔子对理想社会的向往。

孔子对公而忘私的人，一向是钦佩和赞赏的。当时的晋国一个叫南阳的地方缺个县令，晋平公就去问当时大夫祁黄羊说："南阳县缺个县令，你看，应该派谁去当这个官比较合适呢？"

祁黄羊毫不迟疑地回答说："叫解狐去，他为人公正，做那里的县令最合适，他一定能够胜任的！"

晋平公惊奇地问他："解狐不是你的仇人吗？你为什么还要推荐他呢！"

祁黄羊笑着说："您只问我什么人能够胜任南阳的县令，谁最合适当南阳的县令，您并没有问我解狐是不是我的仇人呀！我和他只是私人的恩怨，并不能掩盖他的才华。"

晋平公觉得他的话很有道理，也觉得解狐这个人确实不错，就派解狐到南阳县去上任了。

解狐到任后，果然很有治理的才能，为那里的人办了不少好事，大家都称颂他。

过了一段时间，晋平公又问祁黄羊说："现在朝廷里缺少一个法官，你看，谁能胜任这个职位呢？"

祁黄羊毫不犹豫地说："祁午能担任此职。"

晋平公又奇怪起来了，问道："祁午不是你的儿子吗？你怎么推荐你的儿子，不怕别人讲闲话吗？"

祁黄羊说："可是您只问我谁可以胜任法官这个职位，所以我推荐了他；您并没问我祁午是不是我的儿子呀！"

晋平公很满意祁黄羊的回答，于是就派了祁午去做法官。祁午当上了法官，果然能公正执法，替人们办了许多好事，很受人们的欢迎与爱戴。

孔子听说这两个故事后，十分称赞祁黄羊。他说："祁黄羊说得太好了！他推荐人才，完全是拿才能作为标准，不因为他是自己的仇人，存心偏见，便不推荐他；也不因为他是自己的儿子，怕人议论，便不推荐他。像祁黄羊这样的人，才够得上说'公而忘私'啊！"

面对春秋时期"大道废弛"的现实，孔子提出克己复礼，并把"克己复礼"称为"仁"。

"克己"就是一个人能够克制自己，战胜自己，不为外物所诱，而不可以任性，为所欲为。"复礼"就是要恢复到周时的合理化。"克己复礼"是孔门传授的"切要之言"，是一种紧要、切实的修养方法。

"克己复礼"是孔子学说的一个重要概念，来源于《论语》中孔子和弟子颜回的对话。

有一次，孔子的弟子颜回请教如何才能达到仁的境界，孔子回答说："努力约束自己，使自己的行为符合礼的要求。如果能够真正做到这一点，就可以达到理想的境界了，这是要靠自己去努力的。"

颜回又问："那么，具体应当如何去做呢？"

孔子答道："不符合礼的事，就不要去看，不要去听，不要去说，不要去做。"

颜回听后向老师说："我虽然不够聪明，但决心按照先生的话去做。"

"克己"的真正含义就是战胜自我的私欲。为了战胜私欲，孔子主张以"仁"和"礼"来治理国家，做到天下为公，克己奉公。

孔子认为，从政者必须先端正其身，所谓身正不怕影子斜，自身一正，老百姓看在眼里，自然敬在心里，以此从政，当然困难不致太大；反之，自身不正，老百姓看在眼里，自然恨在心里，以此从政，谁也不会听你的领导。一句话，以身作则，做好人君的表率作用。

孔子论政，还非常重视有才能的人上台，因为这关系到一个国家的生死存亡。有才能的人重视用仁、义、礼、智、信来教化老百姓，经过一段时间的教化，老百姓的素质和觉悟就会得到提高。

孔子认为为官当政的，要有孝心，只要为官者能够把孝敬爹娘，友爱兄弟之心波及天下老百姓身上，那他将是一个忠于人民，爱护人民和人民同呼吸共命运的好官。孝敬爹娘，友爱兄弟，本属于家庭中事，但孔子却高瞻远瞩地把这种精神风气，引申到治理国家和政治中去，这也是孔子之所以成为一个伟人的重要侧面。

孔子是改革的先行者，他认为每个人都应把自己岗位上的事情做得出类拔萃，让国家满意，让群众放心。鲜明地反映出孔子通过克己奉公，现实富国强民的思想。

总之，孔子面对当时"大道废弛"的现实，以亲身实践和深刻论述，从历史和现实生活体验中总结教训，要求执政者"克己复礼"，实施"仁治"和"礼治"。这是孔子治国思想核心的部分，成为为政者克己奉公行为的准则，对后世的治国思想产生着广泛而深刻的影响。

墨子秉承大公无私精神

墨子是继孔子之后的又一个思想家。墨子思想体现为一个"公"字，其基本精神就是大公无私。在周王朝进入战国时期后，战争频仍，人民群众渴望休养生息。墨子生当乱世，不满于混乱残酷的现实，他的行迹东至齐、鲁，北至郑、卫，南至楚、越，"摩顶放踵利天下"，即从头顶到脚跟都磨伤，也不辞劳苦，舍己为人。

有一次，鲁阳文君将要攻打郑国，墨子听到了就阻止他，对鲁阳文君说："上天兼有天下，也就像您具有鲁四境之内一样。现在您举兵将要攻打郑国，上天的诛伐难道就不会到来吗？"

鲁阳文君说："先生为什么阻止我进攻郑国呢？我进攻郑国，是顺应了上天的意志。郑国人数代残杀他们的君主，上天降给他们惩罚，使三年不顺利。我将要帮助上天加以诛伐。"

墨子说："郑国人数代残杀他们的君主，上天已经给了惩罚，使它三年不顺利，上天的诛伐已经够了！现在您又举兵将要攻打郑国，说'我进攻郑国，是顺应上天的意志'，就好比这里有一个人，他的儿子凶暴、强横，不成器，所以他父亲鞭打他。邻居家的父亲，也举起木棒击打他，说'我打他，是顺应了他父亲的意志'，这难道还不荒谬吗！"

鲁阳文君说："对。我用您的言论观察，那么天下人所说的可以的事，就不一定正确了。"

墨子晚年时，越王邀请他做官，并许给他以500里的封地。墨子以"听吾言，用我道"作为前往条件，而不计较封地与爵禄。

墨子除了身体力行，践行大公无私，还主张尚贤，即任人唯贤。墨子反对任人唯亲的宗法血缘用人制度。只有上下一致尚贤，才能实现国家的大治。

墨子认为，无论是乡正、里长，还是国家的高层甚至首脑，都应由大家推举产生的贤能之人担任。墨子经常挂在嘴边的贤能楷模就是尧舜禹汤文武。最著名的就是舜通过尧好几道严格考验才被指定为继承人的，而大禹更是因为治水艰苦卓绝且富有成效才得到拥护的。

对于贤士，《墨子·尚贤上》曾提出过三条具体标准：

厚乎德行，辩乎言谈，博乎道术。

即道德的要求、思维论辩的要求和知识技能的要求。

知识技能的要求是为了使贤士们有兴利除害的实际能力，思维论辩的要求是为了"上说下教"，去向社会推行其"兼爱"主张。

在墨子看来，教育目的是为国家培养大量的贤士，以利于国家的统治与稳定。如何使贤良之士增多呢？那只有通过良好的教育来培养了。

墨子从自身做起，对其弟子施以严格的组织纪律教育，培养高尚的情操和优秀的道德品质，授予各种专门的知识和各种生产劳动的技能技巧，使他们在分工合作的原则下，各从事其所能，把他们培养成真正履行墨家道义，实现"兴天下之利，除天下之害"的目的而行义的贤良之士。

据《墨子·耕柱》记载，墨子曾经推荐贤士耕柱子到楚国做官，后来又让几个弟子去探访他。耕柱子请墨子派来的人吃饭，每餐仅3升米，仅够吃饱，招待不优厚。

这几个学生回来告诉墨子："耕柱子在楚没有什么益处，您应该把他召回来。"

墨子不相信耕柱子没有政绩。果然，时过不久，耕柱子让人送回 10 镒黄金，并转告墨子："弟子不敢贪图财利，节省下的 10 镒黄金，请您安排使用。"

耕柱子的事迹，表明墨家弟子大公无私的精神。同时也反映出墨子重视人才，只有大公无私的人，才能给一个组织带来好的命运。

墨家门徒在墨子的言传身教下，都自觉养成良好的服从集体、自觉守纪的风尚，能牢记、坚守墨家法规，与团体保持着密切联系，定期向墨子汇报工作，自觉接受组织的考查。

墨子教育弟子要正确认识个人与集体之间的关系，个人要绝对服从墨家团体，要忠诚地为团体服务，自觉形成集体主义观念和情感，树立"大公无私"的理想，防止个人主义及自私自利思想的产生和影响，处处关心集体、热爱集体，树立集体荣誉感和责任感。

墨家严明的组织纪律观更是令世人称道。墨家团体改变"刑不上大夫"的传统观念，内部成员上自巨子，下至一般弟子都要遵守墨家法规。

《吕氏春秋·去私篇》记载，墨家巨子腹䵍，住在秦国。有一天，腹䵍的儿子因事误杀了人，官吏当时就把他的儿子抓了起来，关进了监狱里。按法律应判杀头之罪。

这件事惊动了国君秦惠公，秦惠公想，腹䵍已经有了很大年纪了，就一个儿子，连个女儿也没有，虽然他的儿子犯了罪，但腹䵍为朝廷作过贡献，准备从轻处理他的儿子。便叫人找来了腹䵍，对他说："你的年龄很大了，就这么一个儿子，我已经命令主管的官吏，不要把你的儿子处死刑了。这样处理你会满意的吧？"

腹䵍听了秦惠公的话，很受感动，但是他想，绝不能因私而废法，于是回答说："墨家的信条是，杀了人的人就该去偿命，判死刑；伤了人的人，就该按情节去判刑，定他的罪。如果没有这样的法律规定，人们的生命安全就得不到保证。禁止杀人、伤人，这是天下的大义啊！您虽然给我的儿子恩赐，不让官吏杀他了，但是，我怎么可以不执行墨家的信条呢？"

最后，腹䵍没有听从秦惠王的劝说，坚持将自己的儿子绳之以法。这种秉公执法、严于律己、任侠尚义的执法气概，堪称"大义灭亲的典范"，在当时确是鲜见的。为此，后来的秦国政治家吕不韦赞扬说："割舍自己所偏爱的而遵循大义，腹䵍可以说很公正了。"

墨子大公无私的精神，在历史上具有重要地位，并产生了深远的影响，培育了历朝历代无数爱国爱民、为民族为社会舍小家而顾大家的杰出人物。

华佗乔装打扮学医术

华佗是我国东汉末年著名的医学家、养生家，是他首次将麻醉剂应用于外科手术。

一次，一个得了怪病的人来请华佗看病。可华佗觉得这个人已经没救了。没过多久，华佗在路上又碰见那个病人。他见那个病人根本不像是有病的样子，忙问是怎么回事儿。

病人告诉华佗，是城西的一个老先生用一个偏方治好了自己的病。华佗听了很佩服那位先生，决心到他那儿学医。可是他知道，如果老先生知道他是有名的华佗，一定不肯收他为徒。于是，华佗隐姓埋名装成了一名普通人，做了老先生的徒弟。

一天，老先生外出了，华佗正在和师弟制药，屋里来了一位病人。华佗给他诊了脉后，让病人服用一小包砒霜。不一会儿，病人就好多了。

这时，老先生回来了，他知道事情的经过后，心想，这种以毒攻毒的方法，除了我之外，只有华佗知道呀！

莫非他就是名医华佗？他连忙问："你就是华佗吧？"

华佗承认了自己的身份，并说出了求学的理由。

老先生握着华佗的手说："你这样的名医，为了学医竟然肯给我当徒弟，天天干学徒的活儿，真是了不起啊！"

老先生被华佗的求学精神感动了，马上把那个治怪病的偏方告诉了他。

唐太宗李世民贞观之治

626 年 7 月，李世民被李渊立为皇太子。两个月后，李渊退位做太上皇，李世民登基。这就是唐太宗。

唐太宗即位之时，即着手整顿父亲在位时的宰相班子，以知人善任的原则，逐步建立起了以自己为核心的最高决策集团。随后，又对中央机构进行了一系列的改革，改造了三省六部制。

通过对领导班子的改革，唐太宗不仅牢牢地巩固了自己的地位，而且也为进一步励精图治、开创"贞观之治"的新局面奠定了基础。

唐太宗有一句话叫"内举不避亲，外举不避仇"，可以说是对他用人方针的生动概括。由于采取了求贤纳才、知人善任的用人政策，使得唐太宗统治时期人才济济，群贤荟萃。

643 年，唐太宗曾将其中的 24 位佼佼者画在凌烟阁内，史称"凌烟阁二十四功臣"，长孙无忌、房玄龄、杜如晦和魏徵等位列其中。这些谋臣猛将、文人学士都为唐太宗大治天下的政策出谋划策，谏言建议，为后人所称颂的"贞观之治"贡献了自己的才干和智勇。

在大力选拔人才的同时，唐太宗还进行了法制的改革和建设。他将赏功

敏而好学，不耻下问

罚过作为法制改革的标准，任命房玄龄、长孙无忌在参考《武德律》的基础上制订了封建社会最完备的法典《贞观律》。

后来长孙无忌又在唐太宗的支持下，组织了 19 名法学专家为《唐律》作注释，完成了《唐律疏议》。五代以后的各朝法律大都以此作为蓝本相应增删。

唐太宗又亲自选拔一批正直无私、断狱公平的人担任法官，并亲自检查法官对案件的处理情况，以保证律、令、格、式的贯彻执行。

唐太宗还特别重视农业生产和农民生活。积极地推行轻徭薄赋，与民休养生息的政策，使农民得以逐步恢复生产，重建家园。

他全面推行、推广均田制，招抚失去土地逃亡的农民，给他们土地，鼓励他们从事农业生产。为解决耕地不足的问题，他一再缩减苑囿占地面积，以增加农民耕地。

他还下令减免租赋，同时大力倡导兴修水利，以增强抵抗自然灾害的能力。此外，为了增加人口，他下令将男女结婚的年龄提前，这就迅速增加了全国户数，为农业生产提供了大量的劳动力。

随着国内政治经济形势迅速好转，国力逐渐增强，唐太宗为建立强盛的多民族的大唐帝国，开始了统一边疆地区的战争。

唐太宗首先征服的是当时对唐朝威胁最大的东突厥。唐太宗扶持东突厥颉利可汗的反对势力，牵制颉利可汗。同时，又利用东突厥贵族的内部矛盾，拉拢和颉利可汗有矛盾的突利可汗，使之为唐太宗提供有利战机。

629年，唐将李靖夜袭阴山，大败东突厥，俘虏颉利可汗，灭掉东突厥。当地各少数民族势力纷纷归附，从而统一了北方边境。

唐太宗又相继派兵收复了吐谷浑、高昌、焉耆、龟兹等地区，并在龟兹设立了安西都护府，重新恢复了对西域地区的统治。

唐朝的西部和北部边境重新得到了巩固和扩大，也使闻名于世的丝绸之路恢复畅通，加强了中原地区与西域和中亚地区的经济文化交流。唐太宗还通过和亲政策，加强少数民族同唐朝的联系和团结。

640年，文成公主入藏，将农耕、纺织、建筑、造纸、制笔、酿酒、冶金以及农具制造等技术带入西藏，对西藏的政治、经济、文化的发展，起了极大的促进作用，同时也加强了西藏与唐朝的联系。

唐朝和世界其他国家的政治、经济和文化交往也越来越频繁。亚洲、非洲地区许多国家不断有人来唐朝访问，当时的长安是世界上最大的城市之一。那时和唐朝交往的国家达到70多个。

唐玄宗时的高僧玄奘到天竺带回了大量的佛教经典，并将其译成汉文，玄奘取经的故事后来还成为《西游记》的素材。其他宗教如景教、回教、摩尼教等也在此时传入我国。

唐太宗不仅是一位杰出的军事家和政治家，而且还是一位多才多艺的君主，是个诗人、文学家和书法家。他所写的诗文，被编入《全唐文》和《全唐诗》的就有文7卷、赋5篇、诗1卷69首。

唐太宗非常喜欢晋代著名书法家王羲之的书法，最为擅长的是飞白书法。唐太宗还十分重视对书法的钻研，他写的《笔法论》《指法论》《笔意论》等，对书法也有指导作用。

不可否认，唐太宗是我国历史上众多皇帝中少有的明君。但在贞观后期，他滋长了骄傲和自满情绪，思想和行为逐渐发生了变化。到了晚年，他乞求长生不老，迷恋方士炼制的金石丹药。结果因服食金石丹药过多，中毒暴亡，享年 52 岁。葬于唐昭陵。

敏而好学，不耻下问

三已之，无愠色

子张问曰："令尹子文①三仕为令尹，无喜色；三已之，无愠色。旧令尹之政，必以告新令尹。何如？"

子曰："忠矣。"曰："仁矣乎？"曰："未知。焉得仁？""崔子弑齐君，陈文子②有马十乘，弃而违之，至于他邦，则曰：'犹吾大夫崔子也。'违之。之一邦，则又曰：'犹吾大夫崔子也。'违之，何如？"

子曰："清矣。"曰："仁矣乎？"曰："未知，焉得仁？"

【注释】

①令尹子文：令尹，楚国的官名，相当于宰相。子文是楚国的著名宰相。

②陈文子：陈国的大夫，名须无。

【解释】

子张问孔子说："令尹子文几次做楚国宰相，没有显出高兴的样子，几次被免职，也没有显出怨恨的样了。（他每一次被免职）一定把自己的一切政事都告诉了新宰相。你看这个人怎么样？"

孔子说："可算得上忠了。"子张问："算得上仁了吗？"孔子说："不知道。这怎么能算得仁呢？""崔杼杀了他的君主齐庄公，陈文子家有四十匹马，都舍弃不要了，离开了齐国，到了另一个国家，他说，这里的执政者也和我们齐国的大夫崔子差不多，就离开了。到了另一个国家，又说，这里的执政者也和我们的大夫崔子差不多，又离开了。这个人你看怎么样？"

孔子说："可算得上清高了。"子张说："可说是仁了吗？"孔子说："不知道。这怎么能算得仁呢？"

【故事】

管鲍之交流芳千古

管仲是春秋时齐国政治家，早年经营商业，后从事政治活动。鲍叔牙是春秋时齐国大夫，以知人著称。

管鲍两人自幼贫贱结交，相互间非常了解，非常知心。管仲少时家里很穷，又要奉养母亲。鲍叔牙知道了，就找管仲一起投资做生意。他们在一起做生意的时候，因为管仲没有钱，所以本钱几乎都是鲍叔牙拿出来投资的。可是，当赚了钱以后，管仲却拿的比鲍叔牙还多。

鲍叔牙的仆人看了说："这个管仲真奇怪，本钱拿的比我们主人少，分钱的时候却拿的比我们主人还多，显然他是个十分贪财的人。如果我是管仲的话，我一定不会厚着脸皮接受这些钱的。"

鲍叔牙对仆人说："不可以这么说。你没发现管仲的家里十分困难吗？他比我更需要钱，我和他合伙做生意就是想帮帮他，我情愿这样做。以后不要再提此事。"

后来管仲和鲍叔牙一起充军，两人更是相依为命。有一次齐国和邻国开战，双方军队展开了一场大厮杀。冲锋的时候管仲总是躲在最后，跑得很慢，而退兵的时候，管仲却跟飞一样地奔跑。当兵的都耻笑他，说他贪生怕死，领兵的想杀一儆百，拿管仲的头吓唬那些贪生怕死的士兵。

这时的鲍叔牙已当上了军官，关键时刻又站了出来替管仲辩护，他道："管仲的为人我最了解了，他家有 80 多岁的老母亲无人照顾，他不能不忍辱含羞地活着以尽孝道。"

管仲知道了鲍叔牙为自己所做的一切，感动得流下了热泪。

过了两年多，管仲的老母病逝，他心中没了牵挂，这才放下心来为齐国效命，果然是比谁都作战英勇，很快就得到了提拔重用。

齐襄公的弟弟公子纠发现管仲是个人才，便要他当自己的谋士。鲍叔牙则被齐襄公的另一个弟弟公子小白看中，拜其为军师。两个好朋友各自辅助一个公子，都很尽心尽力。

可是好景不长，由于齐襄公总是疑心他两个同父异母的弟弟要篡夺他的王位，就让手下的人找机会干掉公子纠和公子小白。两个公子听到了风声，公子纠就带着管仲跑到了鲁国避难，公子小白也带着鲍叔牙跑到莒国避难去了。

公元前 686 年的冬天，齐襄公被手下的将士杀死，他的一个弟弟公孙无知做了齐国君王，但不久也被手下大臣给杀掉了，齐国当时一片混乱。流亡在莒国的公子小白和寄居在鲁国的公子纠得到消息后，都觉得自己继承王位的机会来了，急忙打点行装，要回国争夺王位。

管仲为了让公子纠能顺利当上国王，就打算除掉公子小白，可惜管仲在袭击公子小白的时候，把箭射到了公子小白的腰带上，公子小白没死。

后来，鲍叔牙和公子小白还是比管仲和公子纠提前回到齐国，公子小白就当上了齐国的国王，称为齐桓公。

齐桓公当上了国王以后，决定封鲍叔牙为宰相。没想到鲍叔牙死活不肯接受，他说："以前我帮君王做了些事情，那全是凭我对您的忠心而竭尽全力的，现在您要把国相这么重要的职务交给我，这绝不是仅凭忠心就可以做好的，您应该找个比我更有才能的人才行。"

齐桓公说："在我手下的大臣中，还没发现比你更出众的人才呢！"

鲍叔牙说："不如让我举荐一人，保证能够帮您成就一番霸业。"

齐桓公急忙问他："这个人是谁呢？"

鲍叔牙笑着说："此人就是我的老友管仲，我把他从鲁国要来，就是要他帮您的。"

齐桓公一听，拍案而起，他说："管仲拿箭射过我，这一箭之仇我还没报呢，你反而让我来重用他？我不把他杀了就不错了！"

鲍叔牙恳切地说："管仲不顾一切地用箭来射杀您，这不正好说明他对公子纠讲忠义吗？各为其主是起码的做人准则。他当时那样做没什么不对的，现在要治国了，若论才华，他远远超过我鲍叔牙。您要成就霸业，非得到管仲的辅左不成。您现在不计前嫌地重用他，他必定心存感激，全力效劳的！"

齐桓公是个很有肚量的人，为了齐国的利益，他还是听了鲍叔牙的劝说，断然捐弃前嫌，拜管仲为国相。管仲很感激好友鲍叔牙，更为齐桓公的大度和睿智所折服，决心鞠躬尽瘁、竭尽全力报效齐桓公。

管仲积极改革内政，发展经济，重新给农民划分土地，由于他从小经商，也很重视和其他国家通商和发展手工业。他还对国家常设的军队实行严格的训练和管理，使之成为战斗力很强的一支军队。

由于管仲实行了改革，齐国在几年内就兴盛起来，最后获得了"九合诸侯，一匡天下"的地位，成就了齐桓公的霸业，成为"春秋五霸"之首。

管仲常说："我当初贫穷时，曾和鲍叔牙一起做生意，分钱财说我拿得多，鲍叔牙不认为我贪财，他知道我贫穷啊！我曾经多次参战，多次逃跑，鲍叔牙不认为我胆怯，他知道我家里有老母亲。

"我曾经替鲍叔牙办事，结果使他处境更难了，鲍叔牙不认为我愚蠢，他知道时运有利有不利。我曾经多次做官，多次被国君辞退，鲍叔牙不认为我没有才能，他知道我没有遇到时机。公子纠失败了，鲍叔牙不认为我不懂羞耻，他知道我不以小节为羞，而是以功名没有显露于天下为耻。生我的是父母，最了解我的是鲍叔牙啊！"

鲍叔牙推荐管仲以后，自己甘愿做他的下属。鲍叔牙和管仲共同辅佐齐桓公长达40余年，为齐国建立了不朽的功业。

管仲病重的时候，齐桓公考虑他将不久于人世，问他是否可以让鲍叔牙接替他为相。管仲说："鲍叔牙善恶过于分明，以善待善尚可，以恶对恶谁能忍受得了？他是位君子，但不可以委以国政。"

有人将管仲这些话告诉了奸臣易牙，易牙以为这正是离间管仲与鲍叔牙的好机会，就到鲍叔牙面前传话，以挑拨两人的关系。鲍叔牙听了易牙话，对他说："这正是我推荐管仲为相的原因。管仲忠于国家，没有私心。若让我为相，哪里还有你们这些小人容身的地方？"

一番话说得易牙面红耳赤，连忙狼狈而退。

鲍叔牙对管仲的知遇和推崇，最终让"管鲍之交"成为代代流传的佳话。后来的人们常常用"管鲍之交"，来形容自己与好朋友之间亲密无间、彼此信任的关系。

孔子说："君子和而不同，小人同而不和。"这句话的含义是，君子可以与他周围的人保持和谐融洽的关系，但在对具体问题的看法上却不必苟同于对方；小人习惯于在对问题的看法上迎合别人的心理，但在内心深处却并不抱有一种和谐友善的态度。

"管鲍之交"之所以永久地被人称道，就在于他们之间的理解和宽容，这样志同道合的人才算得上是朋友。

信陵君尊贤救难

笃实宽厚美德的核心意义，就是通过宽厚的道德人格来打动别人。战国时期的信陵君，就是一个具有道德人格的人，他通过尊贤救难的实践活动，赢得了世人的广泛赞誉。

信陵君，名叫魏无忌，是魏安釐王的异母弟弟，是战国时期魏国著名的军事家和政治家，因被封于信陵而被称为信陵君。他与当时齐国的孟尝君田文、赵国的平原君赵胜、楚国的春申君黄歇都是著名的贵族，被称为"战国四公子"。

信陵君礼贤下士，急人之困，知过即改，其仁厚爱人的道德修养，为世人所称道。信陵君有一句座右铭：

愿天下俊贤皆为我坐上宾客。

他四处招纳贤士，交结五湖四海的朋友，天下闻名。

在当时，魏国有个隐士名叫侯嬴，70岁了，家境贫寒，是国都大梁东门的守门人。信陵君听说这个人，前往邀请，想送他厚礼。

侯嬴不肯接受，他说："我几十年重视操守品行，终究不应因做守门人贫困而接受公子的钱财。"

于是，信陵君摆上酒席，大宴宾客。大家就座之后，信陵君带着车马，空出左边的上位，亲自去迎接东门的侯嬴。

侯嬴撩起破旧的衣服，径直登上车，坐在左边的上位，并不谦让，想用这一举动来观察信陵君的情态。信陵君手执马缰，表情谦卑而恭敬。

侯嬴对信陵君说："我有个朋友叫朱亥，在街市的肉铺里，希望委屈您驾车马顺路拜访他。"

信陵君便驾着车马进入街市，侯嬴下车拜见他的朋友朱亥，斜着眼睛偷看信陵君，故意久久地站着与朋友闲谈，暗中观察信陵君的表情。见信陵君的脸色更加温和。

这时，魏国的将相、宗室等宾客坐满了厅堂，等待信陵君开宴。而此时街市上的人们都观看信陵君手握着马缰在大街上等人。随从的人都偷偷地骂侯嬴。

侯嬴观察信陵君的脸色始终没有变化，才慢腾腾地辞别朋友上了车。到了信陵君家中，信陵君引侯嬴坐在上座，把宾客一个个介绍给他，宾客们都很惊讶。酒兴正浓的时候，信陵君又起身，亲自到侯嬴面前给他祝酒。

侯嬴对信陵君说："我本是一个守门人，您却亲身委屈驾着车马去迎接我。在大庭广众之下，我本不应该提访友的事，您却同我一起去了。我故意使您在街市里久等，借访问朋友来观察您，但您的态度却越加恭敬。街市的人都以为我是个小人，而以为您是个宽厚的人，能谦恭地对待士人。我这样做，是为了成就您的名声啊！"

信陵君听罢，万分感激，当着众人的面，宣布让侯嬴做自己的上等宾客。

宴会结束后，侯嬴对信陵君说："我访问的屠者朱亥，是个贤能的人，世人不了解他，所以才隐居在屠市之中。"

信陵君听了侯嬴的话，立即去拜访朱亥。但多次请他，朱亥

故意不回拜。

有一天，朱亥笑着和信陵君说：“我不过是市场上挥刀杀牲的屠夫，可是您竟多次登门问候我，我之所以不回答报酬您，是因为我觉得小礼小节无甚大用。从今往后，如您有了急难，就是我为您杀身效命的时候！”

朱亥终于成为信陵君忠实的门客。他手使一把特别重的铁锤，勇猛无比，后来在信陵君的军事行动中发挥了重要作用。

由于信陵君为人仁爱，尊重士人，无论那些士人才能高还是低，都谦逊而礼貌地结交他们，不敢以自己的尊贵身份稍有怠慢，所以，几千里内的士人都争着归附于他，最多时门下曾有 3000 人，以至于各个诸侯 10 多年不敢兴兵谋取魏国。

公元前 257 年，秦国的军队包围了赵国的都城邯郸，赵国的形势非常危急。赵国丞相平原君的妻子是信陵君的姐姐，平原君多次向魏安釐王和信陵君送信，请求魏国援赵。

魏安釐王勉强同意，就派出大将晋鄙领兵 10 万前去救援，但行进半途即按兵不动，只是观望。

信陵君认为，魏赵互为唇齿，赵国灭亡，必然威胁到魏国，于是再三请求魏安釐王下令进兵击秦，但魏安釐王不听。在万般无奈下，他窃得了魏安釐王调动军队的兵符，决定亲自去前线调动晋鄙进兵。

信陵君让勇士朱亥随从自己，带上兵符，假托魏安釐王的命令，让晋鄙出兵。但晋鄙心有怀疑，朱亥挥起铁锤将其击毙。信陵君接管了晋鄙的军队，然后开始整顿军队，最后击退了秦军，为赵国解了围，也解除了秦国对魏国的威胁。

信陵君救了赵国后，知道自己得罪了兄长魏安釐王，所以就让部将们带领军队回魏国，他自己和门客则留在了赵国。

赵孝成王十分感激信陵君保全了赵国，于是，私下里和平原君商议，要把五座城邑封赏给信陵君。信陵君得知此事，内心十分得意，显露出一副沾沾自喜、自以为有功的样子。

信陵君有一位门客向他进言说："事情有不能忘记的，也有不能不忘记的。人家对您有恩德，您就不应该忘记；您对人家有恩德，希望您要忘了它。况且假传魏王命令，夺取晋鄙军队来救赵国，对于赵国来说，您是有功的，而对于魏国来说您可算不上忠臣。您这样自傲地把救赵看作是一种功劳，我以为您这样是很不应该的。"

信陵君听了门客的这一番话，当即责备自己，惭愧得无地自容。

一天，赵孝成王吩咐人洒扫了庭院，宴请信陵君。他陪信陵君喝酒直至接近黄昏，嘴里始终不好意思说出奉献五城的话，因为信陵君太谦虚了。

信陵君留在赵国后，仍广交朋友。当他听说赵国的处士毛公、薛公素有贤才，胸有谋略，颇有远见，便派人去召请。但毛公、薛公有意躲避，不肯来见信陵君。

信陵君托人四处查寻，听说毛公藏身于赌徒之中，便一个人秘密地到赌徒中去察访，终于结识了毛公。又打听到薛公藏身于卖酒人家，于是又独自悄悄地到卖酒人家去寻访，终于也结识了薛公。

信陵君每日与毛公、薛公促膝交谈，论及天下得失之事。毛公、薛公侃侃而谈，识见高远，睿智启人，信陵君颇得教益，遂引为知己。

赵国的平原君得知信陵君不顾自己身份经常出入赌徒之中和卖酒人家，便对自己的夫人说："以前听说你弟弟信陵君为人出类拔萃，天下无双，今天看来，是徒有虚名，实际上是个行为荒唐的人！"

平原君夫人把丈夫的一番话转告信陵君，信陵君听后不禁一笑，道："看人识士，不能仅仅看出身门第。我在魏国时，就听说了毛公、薛公的贤名英才，十分的仰慕；来赵后，便一直渴望拜识。为了实现这个心中愿望，才不顾及身份出入那些地方。既然平原君耻笑我，我也该知趣离开这儿了！"

平原君听说信陵君要走，知道自己说错了话，便亲自登门谢罪，盛赞信

三已之，无愠色

陵君知人交友的美德，并再三挽留信陵君。信陵君仍留赵国，他的名望更大了，许多贤人学士纷纷投到他的名下。

信陵君久留赵国，这时，恢复了元气的秦国乘着信陵君在赵国，日夜不停地进攻魏国，魏安釐王为此焦虑不安，就派使者去请信陵君回国。

信陵君仍担忧魏安釐王恼怒自己。这时，毛公、薛公去见信陵君说："您之所以在赵国备受敬重，名扬诸侯，只是因为有魏国的存在。如今秦国进攻魏国，魏国危急而您毫不顾念，假使秦国攻破大梁而把您先祖的宗庙夷平，您还有什么脸面活在世上呢？"

话还没说完，信陵君脸色立即变了，嘱咐车夫赶快套车回去救魏国。信陵君和哥哥魏安釐王10多年未见，兄弟重逢，不禁相对落泪。魏安釐王任命信陵君为上将军，让他做魏国军队的最高统帅。

公元前247年，信陵君派使者向各诸侯国求援，各国得知信陵君担任了上将军，都纷纷派兵救魏。信陵君率领5个诸侯国的联军在黄河以南大败秦军，使秦国将领蒙骜战败而逃，紧闭关门，不敢再出关。这次合纵攻秦的胜利，使信陵君的声威震动了天下。

信陵君明智而忠信，宽厚而爱人，尊贤而重士，是完美的道德楷模。他不仅是当时那个时代的道德偶像，也是后世无数人的榜样，这在古代历史上是极其罕有的。

蔺相如顾全大局

宽厚品德体现为以老实诚实的态度，反对虚伪虚妄，做到顾全大局，宽以待人。在这方面，战国时期的蔺相如堪称楷模。

蔺相如，战国时期赵国上卿，著名的政治家、外交家。他因为将和氏璧完好地从秦国带回赵国，立下大功，被赵王提升任命为上大夫。

事隔几年后，秦国出兵侵略赵国，攻下石城，后又接连进攻，赵军损失惨重。在这种形势下，秦王派人通知赵王，提出要在西河外渑池这个地方和赵王见面会谈。

赵王害怕秦国想要推辞不去，于是召集大臣们商议。蔺相如和大将军廉颇商议后认为，大王不去显得我们赵国太怯弱，还是以去为好。

赵王最后决定动身，让蔺相如随行。同时，由廉颇带着军队送到边界上，做好了抵御秦兵的准备。赵王到渑池与秦王会见。宴席间，秦王突然对赵王说："我听说你喜欢弹瑟，就请弹一曲给我听听吧！"

赵王弹了一曲。秦王命史官记录下来："某年某月某日，秦王与赵王会饮，命令赵王弹瑟。"以此来羞辱赵国。

蔺相如见此情景，心中十分气愤。他走到秦王面前，说："赵王听说秦王擅长秦国的打击乐缶。现在我奉献瓦盆一只，请大王敲敲缶助兴吧！"

秦王大怒，不肯答应。蔺相如捧着瓦盆再要求，秦王还是不肯敲。蔺相如说："现在我和大王的距离不到5步，大王要是不答应我的要求，我就要把颈上的血溅到大王身上了！"

秦王的侍卫人员立刻抽出刀来要杀蔺相如，蔺相如毫不示弱，瞪起眼睛，大声呵斥他们，把这些人吓得直往后退。

秦王只好不情愿地在瓦盆上敲了一下。蔺相如也叫史官记了下来，说在渑池会上，秦王给赵王敲缶助兴。在整个渑池大会过程中，秦王到最后也未能占赵国的上风。赵国又大量陈兵边境以防备秦国入侵，秦军也不敢轻举妄动。

蔺相如在渑池会又立了大功。赵王封他为上卿，职位一下子比廉颇还高。

廉颇非常地生气，他说："我廉颇是大将，攻无不克，战无不胜，出生入死，为赵国立下了汗马功劳。蔺相如有什么能耐？他就凭着一张嘴，一下子爬到我的头上？哼，我路上碰到他非给他个难堪不可！"

这话传到了蔺相如的耳朵里，他想：强横的秦国为什么不敢侵略赵国？这是因为文的有我，武的有廉颇。如果我和廉颇闹起来，两虎相争，必有一伤，那时秦国就会乘机打进来。还是国家要紧，个人受点委屈算什么呢？

这样想来，蔺相如就装病不上朝，以避免和廉颇撞见，引发不必要的争斗。

一天，蔺相如带着随从外出，老远看见廉颇的车马过来，他赶紧叫车夫退到小巷里去躲一躲，让廉颇的车马先过去。

蔺相如的门客对主人回车避见廉颇的做法实在看不下去了，就找到他说："我们离开亲戚朋友，到您这里办事，是羡慕您智勇双全，道义高尚。如今您的地位在廉颇之上，他说您的坏话，您不回击；您见到了他，像老鼠见了猫，又是躲又是藏，一般老百姓也受不了这个窝囊气！您身为上卿，却一点也不感到羞耻，我们可忍不下去，请让我们走吧！"

蔺相如笑了，说："你们说，廉将军的威风与秦王的威风相比，谁大呢？"

门客说："当然是秦王！"

蔺相如点点头说："是啊！秦王那么厉害，我敢在大庭广众之下痛斥他，侮辱他的左右大臣。我虽然很愚笨，难道独独怕一个廉将军吗？我们两人好比是两只老虎，两只老虎要是打起架来，不免有一只要受伤，甚至死掉，这就给秦国造成了进攻赵国的绝好机会。"

随后，蔺相如就把他自己为了国家利益，应当宽厚、忍让、团结对敌的想法告诉他们。

门客感叹地说："看来是我们短见了，相国的气量真大呀！"

蔺相如的话，很快传到廉颇的耳朵里。他坐立不安，越想越受感动，内心十分惭愧。于是他脱掉上衣，光着膀子，背上荆条，跑到蔺相如家里，跪在蔺相如面前，真诚地说："我心胸狭窄，为个人名位斗气。没想到上卿品质这么高尚，以国为重，宽以待我。我实在对不起你，特来向您请罪。"

蔺相如赶忙双手把他扶起，十分感动地说："老将军请起。您是为赵国出了大力的大功臣，这是谁都知道的。您这样体谅我，我已经万分感激了，'请罪'两字我就担当不起了！"

两个人都激动得流下了热泪。从此以后，两个人变成了同生死，共患难的好朋友。他们将相团结，为国效力，共同抗秦，使秦国不敢轻举妄动攻打赵国。

正所谓"海纳百川，有容乃大"。蔺相如智勇双全的品质和宽厚待人、顾全大局的风格，以及廉颇勇于改错的优秀品质，成为世人学习的榜样。人们根据这件事总结出"负荆请罪"这个成语，表示诚心向人认错赔罪。

大圣皇后武则天

武则天出身于山西文水的一个木材商家庭，她的父亲曾因帮助唐高祖李渊夺取天下有功，后被封为工部尚书、荆州都督等官职。武则天在12岁那年父亲去世，就和母亲杨氏在一起生活。

637年，14岁的武则天入宫成为唐太宗的才人，赐名"武媚"。武则天做了12年的才人，地位始终没有得到提升。在唐太宗病重期间，武则天和唐太宗的儿子后来的高宗李治建立了感情。

唐太宗去世后，太子李治登基做了皇帝，就是历史上的唐高宗。按照惯例，皇帝去世后，皇帝的一般妃嫔都要打发出宫的，而武则天也没有生过孩子，就被送到感业寺做了尼姑。

唐高宗即位后，对王皇后并不喜欢，而宠爱着萧淑妃。还经常暗中到感业寺和武则天幽会。终于有一天，这事被王皇后知道了，她将计就计，劝皇上把武则天公开接回宫中，想借此打击情敌萧淑妃。

武则天被接回宫后，被高宗封为昭仪。她利用各种机会讨皇上和皇后的欢心，并对周围的下人也极尽笼络的手段。她凭着自己的机灵，很快在宫中收买了一部分下人。

王皇后当初本想通过武则天来击败情敌萧淑妃，却无形中又添了一个更强的对手。后来，王皇后被高宗废掉了，武则天被立为皇后。

武则天当上皇后之后，趁机重用支持过自己的许敬宗、李义府等人，接着唆使他们陷害反对自己的褚遂良、长孙无忌等老臣。渐渐地，大臣们都倒向了她的一边，大权也逐渐落在武则天手里。

683 年，唐高宗病死。李显即位，这便是唐中宗。但不久，李显也因惹恼母亲被废掉，接着李旦又做了皇帝，这便是唐睿宗。但武则天还是不称意，终于把李旦也废掉了，自己做了皇帝。

690 年，武则天改国号为周，自称"圣神皇帝"，当时 66 岁。

武则天时期，政局比较稳定，人才也都得到了合理的利用。人口增加了，由唐高宗初年的 380 万户进一步增加至 615 万户，平均每年增长 9.1%。这在中古时代，是一个很高的增长率，也是反映武则天时期唐代经济发展的客观数据。

武则天执政以后，边疆并不太平。西方西突厥攻占了安西四镇，吐蕃也不断在青海一带对唐展开进攻。北边一度臣服的东突厥和东北的契丹一直打到河北中部。

武则天一方面组织反攻，恢复了安西四镇，打退了突厥、契丹的进攻。同时，她以温和的民族政策，接纳多元文化的发展。

在边地设立军镇，常驻军队，并把高宗末年在青海屯田的做法推广到现甘肃张掖、武威、内蒙古五原和新疆吉木萨尔一带。

武则天时期的文化事业也有了长足发展。她重视科举，大开志科。

有一次策试制科举人时，她亲临考场，主持考试。武则天用人不看门第，不问出身，只看政治才能，因此特别注意从科举出身者中间选拔高级官吏。正是文化的普及，推动了文化的全面发展。

武则天在文字上大胆改革，增减前人笔画，曾经创造了 19 个汉字，被天下广泛用之。如她为自己取名为"曌"，意为明月当空，名君当世，字义一看即明。

虽然武则天所造汉字都是为了她的政治目的服务的，但通过这些汉字，我们却能看到她的才气和非凡的智慧。

705 年，宰相张柬之等人发动政变，逼迫武则天退位。武则天被迫将皇位让给儿子中宗李显，复唐国号。同年 12 月，武则天病逝于洛阳上阳宫。

次年，唐中宗复辟唐朝，还都长安，将她和高宗合葬于乾陵。

朱元璋向秀才赔礼

明太祖朱元璋的太子不好好读书，朱元璋给他请的三位老师都先后告辞了。后来，丞相刘伯温向他推荐一位老秀才做太子老师。

一日，老秀才要太子背诵一段《论语》，太子背了开头两句就取开书来偷看。突然，老秀才起身抓住太子的耳朵要他跪下。

朱元璋刚好经过，见了这一情景便走到老秀才面前求情："看在朕的面上，饶他一次吧！"

老秀才沉着脸说："子不教，父之过；教不严，师之惰。陛下应该知道这个道理。"

朱元璋见老秀才不仅不领情，反而当着太子的面来教训自己，不禁勃然大怒，喊道："来人！把这老家伙关起来。"

事情传到马皇后那里，她觉得皇上为儿子护短，居然惩罚起老师来，太不讲道理，决定去劝皇上认错。

朱元璋听了马皇后的劝说懊悔起来，表示要向老秀才赔礼道歉。

第二天，朱元璋、马皇后和太子来见老秀才。朱元璋说："您老人家不必再生气了，朕特地向您赔礼来了！"

朱元璋请老秀才坐下，再命太子向老师跪下叩首认错。从此太子跟着老师好好学习，朱元璋也不为他求情了。

三思而后行

季文子^①三思而后行，子闻之曰："再斯可矣。"

子曰："宁武子^②，邦有道则知，邦无道则愚^③。其知可及也，其愚不可及也。"

子在陈^④曰："归与！归与！吾党之小子狂简^⑤，斐然^⑥成章，不知所以裁^⑦之。"

【注释】

①季文子：即季孙行父。春秋时期鲁国的正卿，姬姓，季氏，谥文，史称"季文子"。

②宁武子：姓宁名俞，卫国大夫，"武"是他的谥号。

③愚：这里是装傻的意思。

④陈：古国名，大约在今河南东部和安徽北部一带。

⑤狂简：志向远大但行为粗率简单。

⑥斐然：有文采的样子。

⑦裁：裁剪，节制。

【解释】

季文子每做一件事都要考虑多次。孔子听到了，说："考虑两次也就行了。"

孔子说："宁武子这个人，当国家有道时，他就显得聪明，当国家无道时，他就装傻。他的那种聪明别人可以做得到，他的那种装傻别人就做不到了。"

孔子在陈国说："回去吧！回去吧！家乡的学生有远大志向，文采斐然，真不知道该怎么指导他们。"

【故事】

孔子弟子曾参自省

曾参，字子舆，春秋时鲁国南武城（今山东省平邑县）人，儒家主要代表人物之一，孔子的弟子，世称"曾子"，有"宗圣"之称，相传他著述有《大学》《孝经》等儒家经典。在山东省济宁市嘉祥县南建有曾子庙、曾子墓。

曾参16岁拜孔子为师，他勤奋好学，颇得孔子真传。曾参积极推行儒家主张，是孔子学说的主要继承人和传播者。

曾参对自己的要求非常严格。可是他发现，不管自己怎么努力，总是会做错事，他想让自己少犯错误。于是，他想了个办法，每天晚上睡觉前，对自己的所作所为进行反思：我今天做了什么有意义的事情吗？有没有什么不对的地方？该学的东西都掌握了吗？

曾参不但每天自己反省，还留心观察别人做事，处处总结经验教训。有人见他那么刻苦，就劝他说："曾参，何必那么认真呢？人没有十全十美的，是人就会犯错误嘛！"

曾参说："可能我没法达到完美，可努力总会让自己不断进步呀！"勤勉、努力的曾参最后终于成为一个知识渊博、品德高尚的人。

曾彦执法依律休妻

明代信义之士能与宋濂媲美的还有曾彦。他以自己的方式，演绎了以诚处世的高风亮节。曾彦是明代泰和县沙村南坑人，他看到当时缺少一部完备的法律，许多事情处理起来非常难办，于是就想编著一部完备的法典。

曾彦为了尽快编出一部法律，就在荒郊野外搭起了一座茅房，整天在那里写呀，写呀，连家也不回，无论冬夏，一日三餐都由妻子送来。

这一天，曾彦的妻子又来给丈夫送午餐。曾彦望着日渐消瘦的妻子，心疼地说："为了让我写好这本书，你受了不少苦。现在好了，我的书就要写完了，很快就可以回家了。"

妻子一听很高兴，温柔地说："那太好了，可是你一定饿了，还是先吃完饭再说吧！"

曾彦掀开盖着的饭篮的布，忽然发现3个水灵灵的大桃子放在篮子里，就问妻子道："我们家这么穷，你怎么还有钱给我买桃子吃？"

妻子笑着说："不是买的，刚才我给你送饭正好路过李家的桃园，就顺手摘了几个，想让你尝个鲜，也好补补身子。"

曾彦愣了一下，问道："李家的人在场吗？"

妻子说："不在，可能是回家吃饭去了。"

曾彦突然大声说道："你偷人家的桃子！"

妻子不以为然地说："你说话怎么这么难听，都是熟人，摘几个桃子怎么能叫偷呢？"

曾彦说："不经别人允许拿别人的东西就是偷。按照我编的法律，女人偷东西应该被休。"

曾彦拿起笔就写了一封休书，两眼含着泪水递给妻子，说："虽然我也舍不得你走，可是法律是我编的，我必须诚实地遵守。你就回到娘家，另嫁一个好人家吧！"于是把休书交给他妻子。

妻子原以为丈夫是和她开玩笑，也没抬头看，只顾着给丈夫补衣服。后来发现丈夫的声音不对，抬头一看，他已经流下两行眼泪，这才知道丈夫是认真的。

妻子知道丈夫向来很讲诚信，没有特殊情况说出去的话是不会更改的。于是，她就拿着休书找到婆婆，哭着向婆婆讲事情的经过。

婆婆听了很生气，当时就领着儿媳妇去找儿子，见到儿子就大声训斥："你这个没心肝的畜生，你整天躲在这里又写又画的，哪一件事情不是你媳妇操心，可是她却从无怨言。这么勤快贤惠的媳妇，你打着灯笼也难找，可是现在，你竟然还要休她。"

曾彦红着双眼，对母亲说："我也知道她好。可是，做人一定要讲诚信，孩儿制定的法律，孩儿自己首先应该遵守。"

曾母生气地说："你以为你是皇帝呀，可以颁布法律，真是不知道天高地厚！"

聪明的儿媳妇

听婆婆这么说，受到了启发，理直气壮地说："只有皇帝才有权颁布法律，你写的法典在没有被皇帝批准之前，只是一张废纸，现在，你根本就没有权力休了我！"

曾彦听妻子这么一说，顿时哑口无言。事实上，他自己原本也不想休掉跟随他多年的妻子，那么休妻的事就算了。但是他让妻子必须向桃园的主人道歉，他不想让妻子做一个不诚信的人。

后来，曾彦在明代成化年间中了状元，任翰林院修撰、侍讲学士等职。他把自己编的法典呈给皇上，皇上很高兴，还专门让他带领一批人重新修订法律。曾彦退休回乡后，在居所的楼门上亲笔书写一副对联表明了他甘于淡泊的心迹：

尚诗书琴瑟之清素，远钟鼓纨绔之哗喧。

奢香夫人履行诺言

如果说宋濂和曾彦是明代信义之士，那么奢香夫人遵守诚信的方式更有特点。她在险恶的政治环境中履行诺言，更显示出了"巾帼不让须眉"的忠肝义胆。

奢香是明代四川永宁宣抚司人，即现在的四川叙永、古蔺一带，黔西黔部土官霭翠之妻，彝族。她履行诺言，在促进民族团结方面曾做出了卓越的贡献。

1381年，霭翠去世，奢香因为其子年幼，代贵州宣慰使职务。奢香摄政后，正值明王朝揭开消灭故元梁王政权统一云南之战的帷幕。

盘踞在云南的元代残余割据势力，视云、贵、川三省交界处的黔西北为军事重地，暗中与这一带的土酋相勾结，企图屯兵固守，阻止明军征讨。

奢香审时度势，以国家统一为重，坚持不卷入使西南分裂割据的漩涡，积极让明军在水西境内安营扎寨，主动贡马、献粮、通道，支持明军经贵州进伐云南。

奢香还凭借水西与西南彝族各部的宗族姻亲关系，亲自出访乌撒，即今威宁、芒部，以及云南镇雄等地，向诸土酋宣以大义，晓以利害，进行劝说开导，从而使割据势力失去支持。

在当时，明王朝派驻贵州的都指挥使马烨，执文化偏见，视奢香为"鬼方蛮女"，对其摄贵州宣慰使职政绩卓著忌恨不满；又好事贪功，对"改土归流"急于求成，不顾当地民情，企图以打击彝族各部头领为突破口，一举消灭贵州少数民族地方势力，达到邀功朝廷，专横贵州的目的。因水西奢香力量最强，就把矛头对准奢香。

为此，马烨做了充分的武装准备等待机会。这时，有人污蔑奢香，马烨即借机将奢香抓到贵阳，用彝族最忌讳的侮辱人格的手段，命手下壮士扒光其衣服进行鞭笞。

马烨之举，严重激化了民族矛盾，引起广大彝族人民的不满，人们骂他为"活阎王"。彝族各部愿死力助奢香反抗。一场轰轰烈烈的武装起义即将爆发。

当此千钧一发之际，贵州宣慰同知宋钦的妻子刘淑贞认为不可动用干戈，她一方面劝告奢香暂不发兵，一方面偕其子上京师控告马烨的罪恶阴谋，并建议皇帝召见奢香，亲自处理这个案件。明太祖朱元璋欣然采纳了刘淑贞的意见。

1383 年，奢香率土酋 15 人随刘淑贞到达金陵，面见明太祖，揭发了马烨激变诸罗欲反的情况。朱元璋召回马烨，历数其罪，并处以死刑。同时，为奢香平反，并赐奢香以锦衣、珠翠、如意冠、金环、袭衣等物。

奢香为了报答明太祖，答应回贵州后一定很好地向彝族人民解释，世世代代搞好民族团结，并愿修从四川到贵州的交通路线，以加强贵州同内地的政治、经济、文化联系。

重义轻利的奢香返回贵州后，忠实地履行了自己的诺言。她首先把彝族首领和人民安定下来，接着，以偏桥即今施秉县为中心，开筑了两条驿道：一条向西，经水东，过乌撒即今威宁，到乌蒙即今云南昭通；一条向北，经草塘即今瓮安县东北草塘区，到容山即今湄潭县，全程 200 余千米。

与此同时，还在水西境内建立了龙场等 9 条官驿大道。其中，自龙场驿即今修文县，至陆广驿即今修文县陆广区约 25 千米，再至谷里驿即今黔西县谷里区约 40 千米，再至四水驿即今黔西县城侧约 30 千米，再至奢香驿即今大方县西溪地区约 25 千米，再至金鸡驿即今大方县里归化区约 25 千米，再至阁鸦驿即今大方县阁鸦地区约 25 千米，再至归化驿即今大方县归化地区约 15 千米，再至毕节驿即今毕节县城约 15 千米。

这 9 条官驿大道，纵横贵州，接连湘、川、滇三省，为加强贵州同中原地区的密切联系，逐步改变云贵少数民族地区的闭塞状态，发展当地的政治、经济、文化，起了很大的作用。"龙场九驿"成为奢香为国为民建树辉煌业绩中的一座丰碑。

奢香多次到金陵，通过朝觐、禀呈政务、输赋、进贡地方物产和马匹等活动，使贵州和明王朝中央政权的关系更加密切起来。

通过广泛地接触汉族地区文化，奢香开阔了眼界，深感贵州远在边陲，贫困落后，决心亲倡文明。在摄政期间，她多方结识中原内地的才人学士，聘迎汉儒到贵州宣慰司兴办学校传播汉文化；招来能工巧匠传授先进的耕织技术，开置农田发展生产；倡导彝汉融和安居乐业。

1390 年，奢香将长大成人的独子阿期陇派到金陵，进入京师太学读书，明太祖特下诏谕国子监官，"善为训教，庶不负远人慕学之心"。阿期陇两年后学成欲归之际，明太祖赐予三品朝服并袭衣、金带等，并钦赐姓"安"。

1392 年，奢香派遣子媳奢助及把事头目允则陇，带上被朱元璋赐名"飞越峰"的水西名马 60 匹入朝献恩。经过奢香的勤政治理，苦心经营，使莽莽黔山彝岭的水西地区，社会安定，民族和睦相处，经济发展，文明气象日昌。

1396 年，奢香积劳成疾而与世长辞。明太祖遣专使祭之，诰封奢香为"大明顺德夫人"，钦差择地葬于大方城北云龙山下。

奢香意笃忠贞，志坚如金石，名垂于竹帛。她那种顾全大局、爱国爱乡的情结，以及履行承诺，绝不食言的精神，即使再过若干世纪，也是值得我们推崇的。

唐玄宗李隆基开元盛世

712 年，李隆基即皇帝位，这就是唐玄宗。唐玄宗在位的前半期，致力于文治武功。他在政治、经济和军事上，采取了一系列强有力的措施，所取得的成就赫然可纪。

唐玄宗亲政时，吏治腐败，官吏泛滥，中央政权的力量被削弱。因此，他开始大力整顿吏治。

唐玄宗注意任人唯贤和人才的培养。比如武则天和唐睿宗两朝宰相姚崇、名宦之后宋璟、有远见的政治家张九龄，先后成为他的宰相，这些人为"开元之治"做出了突出贡献。

他不但注意任用贤相，还重视对地方官员素质的培养。他把新上任的县令200多人召集到大殿，亲自出题考试。将不及格者革职，让他们重新学习。他还建立了对地方官员的考核制，对他们的工作定期进行考察。对于不正当谋官的现象，更是坚决杜绝。

唐玄宗除了整顿吏治，还注重发展社会经济。在他即位之前，由于政府的勒索和大豪族的土地兼并，使均田农民的负担越来越重，常常无力维持其自身的生存和简单的再生产，从而出现了天下户口逃亡过半的严重危机。

开元初期，黄河南北连年发生蝗灾。蝗虫飞来如云遮日，所落之处庄稼都被吃光了。先朝也曾遇到蝗灾，由于捕杀不力，往往造成赤地千里，横尸遍野的惨景，以致物价飞涨，政局动荡。

姚崇对此十分关注，力主唐玄宗诏令郡县及时捕杀，并由官府奖励治蝗。结果蝗灾被有效地制止了，尽管蝗灾连年，灾区也未发生大的饥荒，民心稳定。

唐玄宗在位时，边区问题是异常复杂的。

他即位以前，边防危机十分严重。西域的碎叶、庭州、北方的云州以北以及辽西12州，都已被突厥、契丹奴隶主贵族占领，陇右及河北人民经

常惨遭劫掠和屠杀。唐朝统一的局面被破坏了。为彻底解决边区问题，巩固唐政权，维护统一，他采取了一系列措施。

首先对府兵制进行了改革，以提高军队的战斗力。府兵制在均田制崩溃的形势下，农民不断逃亡，兵源困难。府兵多不按时更换，教习废弛，尚武风气逐渐消失。士兵逃跑躲避，致使军府空虚。

723 年，唐玄宗采取大臣建议雇佣募兵，从关内招募军士达 12 万人，补充作为卫士，从而代替有唐以来的府兵轮番宿卫制度，各地民丁再无轮番戍边之苦。这是当时军制由兵募到雇佣的重大改革。

雇佣兵既可吸收社会上的失业人口，缓和社会矛盾，又可常驻各地，加强训练，对改善军队的质量、提高战斗力有很大作用。

唐玄宗还通过各种措施整顿军旅。他颁布《练兵诏》，令西北军镇增加兵员，加强军事训练，不得供其他役使。还派人去检查执行的情况，代他处理有关事情。唐玄宗还注重马政工作，使军马到 725 年增至 43 万余匹，牛羊数也相应增加了。为了解决军粮问题，他又诏令扩大屯田区。这样唐朝就是兵精粮足了。

经过以上准备后，唐军出兵把沦陷的地方全部收复，维护了国家的统治地位，从而促进了对外经济文化的交流。

开元年间，唐玄宗以文治武功，创成了比较清明的社会局面，出现了"开元之治"的盛况。歌舞升平的太平景象，逐渐使唐玄宗陶醉了，锐意进取的治国精神丧失殆尽。而在唐玄宗执政后期爆发的"安史之乱"，更是成为唐朝由盛而衰的转折点。

在逆境中，唐玄宗郁郁寡欢，连饭也吃不进了，弄得憔悴不堪。762 年，玄宗去世于太极宫神龙殿。葬于泰陵。

伯夷叔齐不念旧恶

子曰："伯夷、叔齐①不念旧恶，怨是用希。"

子曰："孰谓微生高②直？或乞醯③焉，乞诸其邻而与之。"

子曰："巧言令色足恭④，左丘明耻之，丘亦耻之。匿怨而友其人，左丘明耻之，丘亦耻之。"

【注释】

①伯夷、叔齐：殷朝末年孤竹君的两个儿子。父亲死后，二人互相让位来到周文王那里。周武王起兵伐纣，他们认为是不忠不孝的行为。周灭商后，他们以吃周朝的粮食为耻，后饿死在首阳山中。

②微生高：姓微生名高，鲁国人。

③醯：xī，醋。

④足恭：过分恭敬讨好人。

【解释】

孔子说："伯夷、叔齐两个人不记过去的仇恨，心中的怨恨因此也就少了。"

孔子说："谁说微生高这个人直率？有人向他讨点醋，他到他邻居家里讨了点给人家。"

孔子说："花言巧语、装出好看的脸色、低三下四地逢迎他人，这样的态度左丘明认为是可耻的，我也认为是可耻的。内心隐藏着怨恨而表面上却要和他结交朋友，这样的人左丘明认为是可耻的，我也认为是可耻的。"

【故事】

伯夷叔齐刚正耿直

伯夷叔齐不念旧恶

　　伯夷、叔齐是商朝末年孤竹国国君的长子和三子。孤竹国国君在世时，立叔齐为王位继承人。他死后叔齐要把王位让给长兄伯夷。伯夷说："你当国君是父亲的遗命，怎么可以随便改动呢？"于是伯夷逃走了。叔齐仍不肯当国君，也逃走了。百姓就推孤竹国君的二儿子继承了王位。

　　伯夷、叔齐兄弟之所以让国，是因为他们对商纣王当时的暴政不满，不愿与之合作。他们隐居渤海之滨，等待清平之世的到来。后来听说周族在西方强盛起来，周文王是位有道德的人，兄弟两人便长途跋涉来到周的都邑丰邑（今陕西西安市长安区西沣河西）。此时，周文王已死，武王即位。武王听说有二位贤人到来，派周公姬旦迎接在西周居住。

　　不久，周武王用车载着周文王的灵牌，进军讨伐无道的商纣。伯夷、叔齐兄弟听说后，跑来拦住武王的马头进谏说："父亲死了不埋葬，却发动起战争，这叫做孝吗？身为商的臣子却要弑杀君主，这叫做仁吗？"周围的人要杀伯夷、叔齐，被统军大臣姜尚制止了。

　　周武王灭商后，伯夷、叔齐以自己归顺西周而感到羞耻。为了表示气节，他们不再吃西周的粮食，并隐居到首阳山（今河北迁安市南），以山上的野菜为食。后来，有人告诉他们说野菜也是周朝的，他们就连野菜也不吃了。到了第七天，他们双双饿死在首阳山脚下。

文治武略赵匡胤

赵匡胤出生在一个军人家庭，父亲先后为后唐、后晋和后汉的军官。赵匡胤18岁时娶了妻子，20岁时，就毅然别离发妻，浪迹天涯去闯荡世界。

950年，赵匡胤在闯荡中来到河北邺都，投靠在后汉枢密使郭威的手下，做了一名士兵。后来郭威起兵反汉，攻入开封，灭掉后汉，建立后周。赵匡胤在拥立郭威的闹剧中展露身手，遂被提升为禁军的一个小头目。

时隔不久，北汉和契丹联军合力进攻后周，赵匡胤以高平之战的出色表现受到了周世宗的进一步赏识。战后，他不但被破格提拔为殿前都虞侯，成为后周禁军的高级将领，而且还被委以整顿禁军的重任。

在这次整顿禁军的过程中，赵匡胤开始在军队中形成了自己的势力。他利用主持整顿的机会，将罗彦环、郭廷斌、田重进、潘美、米信、张琼、王彦升等自己麾下的"心腹"之人，安排在殿前司诸军任中基层将领。

同时，赵匡胤又以自己高级将领的身份，主动与其他中高级将领交结，并同其中的石守信、王审琦、韩重斌、李继勋、刘庆义、刘守忠、刘廷让、王政忠、杨光义结拜为兄弟，形成一个以赵匡胤为核心的势力圈子。

959年，后周王朝政局动荡，各地将领都暗自积蓄力量等待机会以防变故。赵匡胤立即率领禁军出发，开到开封东北的陈桥驿，在那里宿营。

赵匡胤的弟弟赵光义和军师赵普派人到军中鼓动兵变，拥立赵匡胤当皇帝，带着人向赵匡胤高呼"万岁"。

960年，赵匡胤宣布定国号为"宋"。至此，赵匡胤成了宋王朝的第一位皇帝。这就是后来所称的宋太祖。

为了稳定京城，宋太祖对后周皇族采取了优抚政策，对后周旧臣全部录用，官位依旧，甚至连宰相也仍由王溥、范质、魏仁浦三位旧相继任。又成功地平息了后周的皇族的反抗。至此，宋王朝与后周旧臣之间的矛盾可以说基本上得到了解决。

宋太祖深知，历史上篡位弑主易如反掌，很可能威胁皇权。为了确保统治的稳固，宋太祖采取了更为积极的措施，巧妙地以"杯酒释兵权"，使君臣之间的矛盾得到了较为合理的解决，上下相安无事。

随后，宋太祖决定，禁军中的殿前都点检、副都点检，侍卫马步军正副都指挥使等职务不再设置了，只剩下了侍卫马军都指挥使、侍卫步军都指挥使和殿前都指挥使这3个不能相互统属的职务。

刚刚立国不久的宋王朝周围，存在着几个由外族所建立的敌对国家和许多由汉族所建立的割据政权。在这种情况下，宋太祖制订了"先南后北"的统一方针后，开始了武力统一全国的进程。

伯夷叔齐不念旧恶

963年，宋太祖任命慕容延钊出征荆湖。慕容延钊等依计而行，出兵湖南途中攻破江陵，高继冲归降。一个月后，湖南也被平定。

964年，宋太祖派大将王全斌、曹彬分兵两路，仅用66天的时间就灭亡了后蜀，取得了46个州240个县的广大领土。

970 年秋，宋太祖决定攻取南汉，继续实施"先南后北"的统一方针。潘美等接到宋太祖灭亡南汉的命令后，马上就攻陷了贺州，随之攻克昭、桂、连、韶 4 个州，大败南汉军 10 余万于莲花峰下。

至次年年初，即攻克广州，南汉灭亡。宋王朝又取得了 60 个州 214 个县的领土。

灭亡南汉之后，宋军主力跨过长江天险，大败南唐水陆兵 10 余万于秦淮，直逼金陵城下。与此同时，另一支宋军率兵攻克了常州、江阴、润州，形成了对金陵的外线包围，金陵成了一座孤城。不久即攻入金陵，俘虏了南唐后主李煜。

灭南唐是宋太祖统一南方的最后一仗，也是当时最大的一次江河作战。这次战争中的"围城打援"，是宋太祖战略部署中的经典之作，也是古代战争史上创举。

宋太祖在南北用兵，统一全国的同时，采取了一系列措施，巩固和加强中央集权。

首先就是削弱地方势力。

963 年，宋太祖做出废除荆湖地区等各个支郡的规定，并最终形成了宋代的以文臣任知州的制度，使位尊权重、声势煊赫的节度使的权力受到极大削弱。

其次是收归各地的财政大权。

964 年，宋太祖发布了一道重要的诏令，要求各州除留有必要的经费外，其余财赋中属于货币的部分应全部奉送到京城，不得无故占留。地方丧失了财权，自然也就无法屯兵自重了。

宋太祖为收地方精兵创立了兵分禁、厢的制度，为后代一直沿袭下来，成为两宋兵制中的一大特色。

宋太祖为了扩大统治基础，改革和推进了隋唐以来的科举考试制度。他极力放宽科举考试的范围，不管是家庭贫富，还是门第高低，只要具有一定文化的人，都可以前往应举。同时严格考试制度，以防权贵豪门徇私。

与此同时，又着力改变重武轻文的旧风气。随着文教的振兴和开科取士的增多，大批文人进入统治集团，切实发挥了他们的作用。

宋太祖还一直推行广施恩德、与民休息的方针，实行轻徭薄赋、奖励农桑、兴修水利、发展工商贸易，大得民心，极大地保护和调动了人民群众的生产积极性，使宋朝各地的生产得到迅速的发展。

宋代是我国古代史上经济空前发展繁荣的时期。中华民族的四大发明中就有火药、指南针、活字印刷术三项大发明出在宋代。

976年，宋太祖亲率大军对北汉发起了第三次攻势。10月。正在激战之时，这位胸怀统一大志、正值壮年的杰出君王在刀光剑影中不幸暴病身亡，年仅50岁。葬于永昌陵。

赵匡胤以俭行廉政

北宋时期，儒家思想中的"廉"被封建士大夫奉为立身处世的根本，官员的为政思想道德追求也以"廉"为行为准则。当时之所以形成这样的道德风尚，是和开国皇帝赵匡胤的个人言行分不开的。

宋太祖赵匡胤不仅是大宋王朝的一代开国明君，还是一个倡导节俭并以身作则的皇帝。可以说，节俭成为他廉政建设中的重要内容。

赵匡胤当上皇帝后，并没有因此而奢侈起来，而是深感廉政的重要。因此，他时刻以自身的节俭言行，来带动廉政建设向前发展，防微杜渐，力避腐败危及大宋王朝的基业。

每年七夕节时，开封城里非常热闹。在这个时候，赵匡胤常常是送给自己的母亲和妻子几贯钱作为节日礼物，别的什么也没有。其实赵匡胤并不缺钱，当时开封的 32 个国库里装满了财物，但赵匡胤一点也不挥霍，生活一直很朴素。

赵匡胤平时穿的衣服都是很寻常之衣，上朝穿的衣服也是用普通绸布制作的皇袍，冠戴没有珠宝玉饰。

有一次，赵匡胤把一件用麻做的衣服展示给身边的人看，说："这是我以前穿过的衣服。"

这时，赵匡胤的弟弟赵光义说："您的生活也太过于俭朴！"

赵匡胤严肃地说："你难道忘记了以前的艰苦生活了吗？"

赵光义很好地延续了赵匡胤俭朴的生活作风，他即位后，成为宋太宗，但仍然崇尚节俭的作风。

赵匡胤的御轿已经修理过好几次了，而且无装饰。皇后问他："陛下既已做了天子，怎么不乘坐一个好的轿子，并用金银装饰一下呢？"

赵匡胤严肃地说："我以四海之富而富我，别说轿子，我管的金银就是装饰宫殿也用不完。但是天下的子民若都用金银装饰，则不能装饰一个纽扣。国家之财是天下百姓之财，我不能随便用。天子要以

赵匡胤

伯夷叔齐不念旧恶

有余来奉天下，以后你不要再说这种话了。"

此后，赵匡胤还是照样乘坐那顶修补过无数次的旧轿子。

赵匡胤不仅自己过布衣蔬食的俭朴生活，就是对他的子女也提倡节俭。赵匡胤的三女儿永庆公主喜欢穿漂亮的衣服。赵匡胤就对她说："你生长在富贵之家，现在的地位和生活已经够优越了，你应当珍惜这种幸福生活，不能身在福中不知福。怎么能带头铺张浪费呢？"

公主听了惭愧万分，忙跪拜称谢。

永庆公主出嫁后，经常出入宫中来看望父母。她的衣着比较讲究，穿一身昂贵的贴绣铺翠的短衣。像这样的服饰在当时对于一位皇家公主来说，并不算过分。赵匡胤看到了，便对女儿说："自今以后，你不要穿这种衣服了。"

永庆公主辩解说："这能用多少翠羽呢？"

赵匡胤说："你穿这种衣服，浪费是一方面，皇亲国戚等贵族一定争相仿效。这样一来，京城中的翠羽便要涨价，小民为了逐利，辗转贸易，岂不使许多人舍本逐末吗？"

听了这番道理，永庆公主只能眼见这件属于自己的礼服成为祸国殃民的东西，只好把它扔进了仓库。

有一次，永庆公主来到宫中，看到皇帝的轿子一点都不华贵，就劝赵匡胤用黄金装饰一下。

赵匡胤不但没有接受，反而非常生气地说："我拥有四海之富，宫殿可以用金银作装饰，这些随时可以办到。但我是为天下守财，岂可妄用？古称以一人治天下，不以天下奉一人。况且用来奉养自己，倒是快乐了，那么，使天下人怎么看呢？"

永庆公主又一次受到了节俭教育，此后的衣着打扮就朴素起来。赵匡胤看在眼里，心里很欣慰。

赵匡胤做了皇帝后，打了很多胜仗，却从未搞过一次大庆。从建隆元年至乾德和开宝年间，3 次更改年号，从未搞过一次庆典。虽然当时的大宋国泰民安，社会和谐，赵匡胤却从未自诩过天下太平，他始终励精图治，开拓进取。

北宋平定了后蜀之后，后蜀的亡国之君孟昶到了开封，进献给赵匡胤一个精美绝伦的尿壶，上面装饰着七彩珠宝，名贵无比。

赵匡胤看到这个精美的尿壶后，把它摔到地上，让侍卫把它砸碎，并声色俱厉地对孟昶说："一个尿壶竟然如此奢华，那你用什么东西来贮藏食物？你如此骄奢淫逸，怎能不亡国？"

赵匡胤对两旁的大臣说："人人都应记取这个教训，千万不要有奢靡的行为。"这件事，让满朝文武深受教育。

江南的吴越王来开封朝拜赵匡胤，献上一条罕见的超级犀角腰带。赵匡胤婉言拒绝了，并说："朕已有了 3 条宝带了，这条还是你留着用吧！"

吴越王提出想看看这 3 条宝带，赵匡胤说："这 3 条宝带，一条是汴河，一条是惠民河，一条是五丈河。"

赵匡胤的节俭言行，有力地推动了廉政建设，流风所及，使朝廷大臣很受感动。宋代初期大臣中也有不少生活俭朴的典范，如宰相范质遵循规矩，慎重名器，保守清廉节操，成为节俭的典型。

皇帝、宰相都如此简朴，对当时的社会产生了极大影响，很多人自然也不敢过于奢侈了。当时的州县官去上任，大多穿着草鞋拄杖而行，骑驴已经算是奢侈的事情了。整个社会形成了崇尚节俭的良好风气。

赵匡胤居安思危、崇尚节俭，他以自身的行动，树立了廉政建设的典型，奠定了大宋基业，也使他成为一个以身作则、倡导节俭的好皇帝。

包拯除弊铁面无私

宋太祖赵匡胤以自己的亲身实践，开启了北宋时期勤俭廉政之风。而这种执政精神，被宋仁宗赵祯时的包拯发扬光大了。

包拯，北宋时期政治家。他不畏权贵，不徇私情，清正廉洁，成为宋仁宗一朝著名的清官，而且历史上赫赫有名。

包拯家道贫寒，少有大志，读书勤勉，28岁考取进士，任大理寺评事，开始走上仕途。包拯为官时，正是北宋王朝"积贫积弱"、危机重重的时代。面对每况愈下的形势，包拯极力主张举贤任能，澄清吏治。

包拯上书宋仁宗："明听纳，辨朋党，惜人才，不主先人之说。"他还主张罢斥"持禄取容、妒忌贤能"的庸才，甚至启用被贬的"窜逐之臣"，使其"自奋图报"。这些主张大多为宋仁宗所采纳。

包拯还多次弹劾贪官污吏，身居宰相高位而碌碌无为的宋庠、搜刮百姓的诸道转运使加按察使王逵、鱼肉百姓的宋仁宗爱妃的伯父张尧佐，都被包拯连连参本，据理抗争，该罢职的罢职，该处罚的处罚。

包拯一直念念不忘改善国家的财政，他认为关键在于精简官僚机构，减少"冗吏""冗兵"，才能节约开支。为此，他建议宋仁宗停止不急需的工程建筑，废除额外征收的苛捐杂税。主张训练义勇，减少戍兵。这样既减少了开支，又充实了边防。

宋仁宗曾经实行食盐官营专卖制度，出现了很多的弊端。包拯为此专门实地考察民情，并及时上奏朝廷，请求废止官营专卖制度，让商贩们自由经营，朝廷可以收税增加收入，这样就可以双方获利，百姓也方便。

1045年，包拯奉命出使辽国，在途中，他发现负责迎送外交使者的三番官员常借机在沿途勒索百姓和地方的官员，边界的人民不堪重负，叫苦不迭。

包拯赶忙上奏皇帝，请求缩短三番官员在边界停留时间，严禁吃请送礼。宋仁宗采纳了包拯建议，下诏实行，很快，边界人民的负担便减轻了很多。

包拯面对北宋危机四伏的形势，凭着一颗为民的心时刻留心民间疾苦，体现了他为国为民的高尚情怀。在1048年，包拯担任三司户部副使时，常常不辞辛劳，深入下层体察民情救民于水火之中。

他在给宋仁宗的奏议中有这样一段话：

江、淮、两浙、京东、河北累年以来，旱涝相继，物价涌贵，民食艰阻，两浙一路灾疫尤甚。

若不速令救济，必致流亡，强壮者起为盗贼，老弱者转死沟壑。因此生事，为患不细。

奏议出自对王室一片忠心，但也可见他体恤百姓之良苦用心。

江南地区有一次发生了旱灾，百姓们饥饿得难以生活。包拯了解到情况后，立即下令开仓放粮救济，以解燃眉之急。

按照当时的惯例，开仓放粮是件大事，必须事先请示皇帝等批准以后才能打开粮仓救济百姓。但当将文书送到京城再等批下来，要等上几个月的时间，到时百姓不知要饿死多少人。包拯一边派人急奏朝廷，一边就果断地开始放粮了，终于使很多百姓免于灾难。

还有一次，江淮大地的

人民大范围受灾，百姓已缺粮断炊，而地方的官吏们为了虚报政绩、讨好上级，以利升迁，便隐瞒了灾情，置人民生命于不顾。不仅如此，还反过来逼迫百姓们交粮卖米。

包拯了解灾情后，就给皇帝上疏，要求立即纠正不法官员误国害民的行为，并予严惩。皇帝采纳了他的建议。从此，包拯被江淮人民称为"再生父母"。

包拯在巡视山西时，发现漳河两岸的邢、洛、赵三州万顷肥沃农田却被当成军马牧场使用，不准种粮食。但是，军粮却从外地远道运来，费时费力又耗费国财。

包拯立即上书请求归还耕地，宋仁宗很快也下了诏书。结果，粮食、马料都得到了解决。

包拯在边境上"置场和市"，设立了收税的贸易市场，发展边境少数民族的贸易。他把人民看作立国之本，并与国家安危联系起来，确实是颇有见地的。

由于包拯政功卓著，宋仁宗调任包拯为开封府尹。包拯作为首都开封府的最高长官，一如既往地为民谋福去害，从来不因为权贵当道而后退半步。

开封是达官显贵聚居之京都，社会情况十分复杂，仗势欺人、倚权犯命、践踏法制、为非作歹者屡见不鲜。包拯任开封府尹狠抓社会治安，雷厉风行。

包拯敢于碰硬，纵然是朝廷显贵也违法必究。黄河的支流惠民河从开封城中穿过，很多权贵便在河的两岸占地营造宅院，营建园林，致使河道阻塞，雨季水患多发，给京城的百姓带来了灾难。

包拯经过实地调查后，立即调集人力，全部拆除了非法建筑。对于伪造地契、弄虚作假、拒不拆除的立即严惩，并上报朝廷，撤其官职。包拯铁面无私，雷厉风行，在很短的时间里，便从根本上清除了这一人为造成的水患。

包拯还进一步改革了开封府的官衙旧习气，为民谋福。按照北宋法律，到衙门里告状的人不能直接到官吏面前递交诉状，要由下属门牌司来转达，这使许多百姓受到刁难勒索，敢怒而不敢言。

包拯到任之后，马上撤去了门牌司，让人将衙门的大门敞开，允许百姓直接到公案前陈述递状，这就从根本上杜绝了官府小吏们对百姓的盘剥。

当时连妇女和小孩都知道包拯的名字，人们亲切地称他为"包待制"，还送给他一个绰号"阎王爷"，以示敬重。

包拯虽为高官，从不为自己办寿辰。可是，当他到了花甲之年，文武百官却破例要为他庆寿，黎民百姓也一定要为他办生日。包拯吩咐儿子包贵在他60岁寿辰那天，候在衙门口接待来客，一律以白开水相待，寿礼一概拒收。

包拯为官30余年，一世清贫，衣食简单朴素，始终"如布衣时"。生前，他告诫子孙：

> 后世有做官的，若贪赃枉法，不准放回老家，死后不准葬于祖坟，不听从我的告诫，就不是我的子孙。希望把我的训示刻在碑上，竖于堂屋东壁，以昭后世。

包拯去世后，宋仁宗亲自率领百官吊唁，还派专使护送灵枢回到合肥，安葬在合肥城东的大兴集。现在的包公祠有一副对联："理冤狱，关节不通，自是阎罗气象；赈灾黎，慈善无量，依然菩萨心肠。"总结了包拯无私爱民的品格。

司马光一贯廉洁自守

北宋时期人才辈出，为民执政的廉吏不乏其人。除了铁面无私、革除时弊的包拯外，还有司马光这样清正为官、廉洁自守的人。

司马光，北宋史学家和文学家。历仕宋仁宗、宋英宗、宋神宗、宋哲宗四朝。他除了编写巨著《资治通鉴》外，还有许多情操高尚、清正为官的故事，鲜为人知。

司马光的父亲司马池为官清廉，勤政爱民，生活十分朴素。他家一贯粗茶淡饭，绝不奢华。即使招待上等官员，也只是用当地的山果、土产的蔬菜，而且也只限于三五道菜。父亲的俭朴影响了司马光的一生。

1038 年，司马光考中了进士，朝廷要他在礼部任职。对于这个很有前途的晋升之阶，司马光并不感兴趣，而是请求出任苏州通判。

在宋代，通判是朝廷派遣的一种临时职务，并非地方正式官员，更无什么实权，一般人都不愿意去做。司马光却认为，能不能当一个好官，关键并不在于职位的高低。即使当朝一品，要是昏庸无道，素餐尸位，倒还不如做个兢兢业业、踏踏实实的七品县令。

司马光到了苏州，在黄场桥头附近，找了一座极普通的宅第住了下来。在那里，他看到周围的农民，住破屋，吃秕糠，穿烂衣，十分同情，准备一展身手，为人民谋福利。

正当司马光怀着远大的抱负，准备大展宏图之时，他的母亲不幸病逝了。按照封建礼教，他必须辞官回家服丧 3 年。

在此期间，北方党项族人李元昊称帝，建立了西夏国，并同宋王朝发生了战争。宋仁宗为了加强军事防御力量，要求两浙添置弓手，增设指挥使等官职。司马光认为这样做，并没有什么好处。于是草拟《论两浙不宜添置弓手状》，从各方面阐述添置弓手增设武官的弊端。

司马光服丧结束后，签书武成军判官，不久又改宣德郎、将作监主簿，权知丰城县事。在短短的时间里，就取得"政声赫然，民称之"的政绩。

后来，司马光又调任国子学直讲，任馆阁校勘，同知太常礼院，龙图阁直学士等职。

随着司马光职位的升迁，有不少人想通过他捞些个人好处。为避免此类"人情"，司马迁在自家客厅内贴了一张告示，以示造访者。

告示写道：

> 凡来者若发现我本人有什么过失，想给予批评和规劝，请用信件交给我的书童转我，我一定仔细阅读，认真反思，坚决改正；
>
> 若为升官、发财、谋肥缺，或打算减轻罪名、处罚，请一律将状子交到衙门，我可以和朝廷及中书省众官员公议后告知；
>
> 若属一般来访，请在晤谈中，休提以上事宜。

司马光有一位老友从河北到了当时的京城开封，以父母无钱安葬，弟妹嫂侄需要抚恤为由，开口就向司马光要万钱。

对此司马光回信一封说："我司马光一贯小心谨慎，简朴为官，一分一毫也不敢妄取于人，食不敢常有肉，衣不敢纯衣帛，视地而后敢行，顿足然后敢立，连亲属故旧都拿不出钱来帮助，哪来的钱给您啊！"

司马光同礼部尚书张存三之女结婚后，常常不进卧室，独身在书房里过夜，而且头枕木枕。夫人十分不解。

司马光说："我怕自己只图享受，忘了国家的忧患；只图当官，忘了百姓的疾苦。便让木匠用圆木给我做了枕头，它一滚动，我就会醒来。然后静坐，想想当天哪些事情没有办好，以便第二天补救。"

夫人听了十分感动，说："既然夫君为国分忧，我情愿守一辈子空房！"

这就是后来《宋史》上有名的司马光"头悬警枕，忧国忧民"的故事。

司马光做官几十年，只在洛阳有田三顷。司马光的夫人张氏伴随他46年，夫人去世后，家里没钱办丧事，儿子司马康和亲戚主张借些钱，把丧事办得排场一点。

可是司马光不同意，并且教训儿子处世立身应以节俭为可贵，不能动不动就借贷。最后，他还是把自己这块地典当出去，才草草办了丧事。

在司马光看来，节俭不仅是一种生活态度，更是一种美德，奢侈也不只是陋习，更是一项罪恶。做人当以俭为本、以俭为美、以俭为上；为官要正世风、政风、民风，当先正家风。

司马光曾给儿子写信说："我们家本来就是清寒的，清白的家风代代相传。至于我本人，从来不喜欢豪华奢侈。小时候，大人给一件华美的服装，就不愿意穿；考中进士后，别人戴花，自己也不愿意戴；只是出于对皇上的尊崇，才不得不勉强插戴一枝。我认为，平时穿的能够御寒、吃的能够饱腹，也就行了。但是，许多人却嘲笑我寒酸。对此，我从未后悔过。"

司马光居官多年，却清正自守、克己奉公，其对物质生活的态度，令人感叹。他曾经在一篇文章中这样写道："由俭入奢易，由奢入俭难。"司马光一生正是按此来要求自己的。

各言尔志

颜渊、季路侍①，子曰："盍②各言尔志？"

子路曰："愿车马、衣轻裘，与朋友共，敝之而无憾。"颜渊曰："愿无伐③善、无施劳④。"

子路曰："愿闻子之志。"子曰："老者安之，朋友信之，少者怀之⑤。"

【注释】

①侍：服侍，站在旁边陪着尊贵者叫侍。

②盍：何不。

③伐：夸耀。

④施劳：施，表白。劳，功劳。

⑤少者怀之：让少者怀念我。

【解释】

颜渊、季路两个人侍立在孔子身边。孔子说："何不各自说说你们自己的志向？"

子路说："我愿意把我的车、马和衣服与朋友共同使用，即使用破旧了，我也不抱怨。"颜渊说："我不夸耀自己的优点和才干，不张扬自己的功劳和业绩。"

子路对孔子说："很想听听老师您的志向。"

孔子说："我的志向是让年老的安心，让朋友们信任我，让年轻的弟子们怀念我。"

【故事】

孔子学琴感同身受

孔子酷爱音乐，很喜欢弹琴，他曾向当时很有名的乐师师襄学习弹琴。开始学琴时，一连十几天总是反复弹拨同一支琴曲。师襄见他弹得已经十分娴熟了，就对他说："你可以换一支曲子进一步练习了。"

孔子却回答说："我只学会了乐曲的表面形式，对节奏内容还不了解。"于是又继续练习了。又过些天，师襄倾听琴音，感到孔子已经领会了乐曲的意境。可以学习更复杂一些的乐曲了。

孔子微微摇摇头说："我虽然体会了乐曲的意境，但作曲的是个什么样的人，还没体会出来。"又弹了一些时间，孔子轻轻地放下琴，站起来望着窗外若有所思。

师襄问他有什么体会，孔子说："我倾听着琴音，我似乎看到了一位个子高高的，目光远大，慈爱安详的长者。这不是周文王又是谁呢？"师襄深为敬佩，离开座席连行两次拜礼，赞叹地说，对对对，我听我的老师说过，此曲就叫《文王操》。

召信臣一心为民兴利

西汉时期由于实行与民休息的基本国策，因此能否为百姓谋福利，被认为是判定一个官员是否合格的重要标志之一。召信臣继承勤俭廉政传统，为官励精图治，为民兴利，堪称一个合格的父母官，赢得了时人和后世的赞誉。

召信臣，因明经甲科出身任职郎中，补授谷阳长。后因官吏的考绩优等，升迁为上蔡长。他为官视民如子，所到之处都为民众称颂。后越级提拔为零陵太守，又因才调任南阳太守。

召信臣任南阳太守时，正是西汉王朝由极盛开始衰败的时期。南阳与其他地方一样，旧的风俗盛行，腐败的社会风气使南阳社会秩序混乱，盗贼横行，百姓苦不堪言。

在当时，南阳民间遇到红白喜事都要大操大办，破费巨大，弄得百姓叫苦不迭。许多人家因嫁女娶媳生老病终而花费大量钱财，从而数年不得翻身。有的只图一时好看而忍痛借高利贷，最终家庭破败。

召信臣深知陋俗的危害，下决心改变这股恶习。他一面大力倡导勤俭节约、量力而行，一面下令禁止婚丧嫁娶时铺张浪费。从此以后，南阳风俗大变。

南阳地区地主势力很大，攀比之风更盛，豪富们与府县官吏、游手好闲的纨绔子弟相互勾结，依仗权势，推波助澜，鱼肉乡里。

召信臣对南阳的地主势力非常反感，曾对他们多有规劝，晓以利害，并根据实际情况采取不同的处置办法。对游手好闲的责令痛改前非，对已经当官的罢黜不用，对违法乱纪的则绳之以法，严厉打击了地方恶势力。一时间，

南阳社会安定，盗贼狱讼之事罕见，郡中之人莫不努力耕稼农田。

召信臣为人勤奋努力，有办法有谋略，喜欢替老百姓兴办有益的事，一心要使他们富足。他亲自鼓励百姓从事农业生产，在田间小路出入。停留和住宿都不在乡里的亭台馆舍中。很少有安闲地休息的时候。

他巡视郡中的水流泉源，开通沟渠，修筑水闸和防水的堤坝总共几十处。先后修成六门堰、钳卢陂等著名水利工程，溉田多至 20 万公顷，南阳遂成为与关中郑国渠、成都都江堰齐名的全国三大灌区。百姓得到了水利工程带来的好处，有了多余的粮食来贮藏。

他为百姓制定了均衡分配水源的规定，刻在石碑上竖立在田边，以防止争斗。

府县官吏家中子弟喜欢闲游，不把耕田劳作当重要的事看待，他就斥责罢免他们，严重的还要追究他们，用行为不法的罪名处治他们，用这种做法显示他崇尚劳动厌弃懒惰。

召信臣管治的地方教化得以广泛推行，郡中的人没有谁不尽力从事农业生产，百姓归依他，住户人口成倍增长，盗贼和诉讼案件减少以至于停息。

召信臣千方百计除奢靡之风，倡导勤劳节俭，深受百姓欢迎，百姓都称他为"召父"。为纪念这位"召父"，南阳吏民为他立祠造庙，世世祭祀不绝。

当时南阳郡归属荆州刺史部，荆州刺史曾经上报召信臣替百姓做好事，他管辖的郡因此充实富足。皇帝赏赐召信臣黄金40斤，又迁召信臣为河南太守。召信臣一如既往，治行考核常常都是第一等。

汉元帝最后一年，召信臣升任少府。他坚持勤俭治国节约开支。任职不久，奏请压缩土木工程，一些皇帝很少光顾的宫馆，停止修葺和铺张陈设。又奏请取消由宦官组成的皇家乐队，提议将供给宫馆卫队的物品削减一半。这样，在一定程度上限制了腐化风气的发展。

召信臣任少府以前，太官园中就已经种植冬天生长的葱、韭等蔬菜。这些植物种在暖房中，白天夜晚都要燃烧没有光焰的火，植物也要等达到一定的温度时才能生长。这样的温室耗资可想而知。

召信臣任少府后，认为这些设施劳民伤财，应该取消。于是，他提出这些都是不合季节的东西，对人体有害，不适合用来供奉给皇上，就奏请皇帝免除这一切。仅这一项，每年节约开支数千万钱。

《汉书》中，两次将召信臣列为西汉"治民"的名臣之一，可见在当时召信臣也已声名卓著。后世人认为，召信臣对南阳的贡献，足以和修都江堰的李冰对四川、开"漳河十二渠"的西门豹对邺县的贡献相媲美。

诸葛亮坚持勤俭廉政

诸葛亮的形象在世人眼中，除了神机妙算的军事才能外，洁身自好，忠君、爱国、为民等这些中华民族优秀的品质，在他身上都能找到许多事例。他一生勤于政事，爱护百姓，廉洁奉公。其精髓就是勤俭廉政，令世人感怀至深。

诸葛亮，三国时期的蜀汉丞相，是杰出的政治家和军事家。青少年时期历经忧患苦难，亲身参加农业劳动，这就使他具有平民的特质。后来登上相位，仍然自称是"东方下士""一介布衣"，在他身上没有什么特权思想。

诸葛亮十分赞赏春秋时期楚国廉吏孙叔敖的节俭作风，特地发布"教令"，以孙叔敖事迹律己励人，既以身作则，也号召部属向孙叔敖学习，养成节俭之风。

诸葛亮在平定南中诸郡的叛乱中，为了减轻人民的负担，节约朝廷的开支，他两天只吃一天的饭，"深入不毛，并日而食"，其艰苦程度可想而知。诸葛亮从不贪污受贿，这是古今所公认的。

他的家里没有存款，妻子黄氏连像样的换洗衣服也没有，其清贫可见一斑。

诸葛亮在《自表后主》一文中曾经自报家产说道：

今成都有桑八百株，薄田十五顷，子弟衣食，自有余饶。至于臣在外任，无别调度，随身衣食，悉仰于官，不别治生，以长尺寸。若臣死之日，不使内有余帛，外有盈财，以负陛下。

这是诸葛亮的一份家庭财产申报单。

"桑八百株，薄田十五顷"，按照汉代和三国时期的官俸制度，15顷薄地，这在当时地广人稀的四川，实在不算多；"子弟衣食，自有余饶"，当指诸葛亮的家人在妻子黄氏带领下从事种植和蚕桑等农事活动，可保温饱无虞。至于自己的衣食起居，自然靠官俸维持；"不别治生，以长尺寸"，这显然指俸禄之外，没有别的生计，不搞经营，也不依靠别的收入发财致富。

尽管诸葛亮的合法收入在当时本该是很高的，但他"内无余帛，外无盈财"。这是诸葛亮毕生追求和实践的清正廉洁的理想境界。

诸葛亮廉洁自律，在蜀国官吏中起到了积极作用。史载他任用的官员，大多勤于政事，廉洁自律。

例如，大将军录尚书事费祎"家不识财，儿子毕布衣素食，出入无从骑，无异凡人"；名将姜维"据上将之重，外群臣之右""宅舍弊薄，资财无余"；邓芝生活俭朴，家无私产，连妻子也"不免饥寒"，死时也"家无余财"。

诸葛亮治家也以节俭为宗旨。他在《诫子书》中告诫儿子，"静以修身，俭以养德"，淡泊明志，宁静致远，学以广才，励精治性，珍惜光阴，务求"接世"。严格的家教，使得诸葛一家，上至夫人，下及子孙，满门英烈，世代忠良。

诸葛亮深知，倡行勤俭廉政，如果没有法律制度的严格监督，则贪污渎职，"作奸犯科"之人将难以受到制裁，而廉洁奉公勤恳负责之人，反而会湮没不彰，甚至受到排挤打击。因此，必须厉行法制赏功罚过，以树立严明公正的政风。为此，诸葛亮主张加强教化，实行以法治国。

诸葛亮十分重视教化，注重宣传教化的风气，有悖于法令的话不说，触犯法制的事不做。同时，要求各级执法官吏必须以身作则，然后才能"正己教人"。

为了搞好勤俭廉政，诸葛亮对各级官员提出了严格的要求，做"八务、七戒、六恐、五惧，皆有条章，以训厉臣子"。

所谓"八务"，即要求各级官吏在做好本职工作时必须完成的 8 项任务；至于"七戒""六恐""五惧"，显然是对足以引起人们应戒、应恐、应惧的各种情况提出警告，以免违法乱纪。

当教化无效时，诸葛亮就认为必须无党无偏，依法究办，特别坚持"刑不择贵"、"诛罚不避亲戚"的原则，通过法制本身的严肃性、公正性，来教育广大臣民。

诸葛亮以"法不阿近"影响军内外。他在一出祁山时，因马谡失掉街亭而挥泪斩之，并写了《街亭自贬疏》。这就是一个鲜明的例子。

诸葛亮的勤俭廉政思想，其主旨是以"安民"为根本，以勤劳任职、廉洁爱民为要务，以法令为制衡，从而达到民富国强的目的。

诸葛亮病危时，要求把他的遗体安葬在汉中定军山，丧葬力求节俭，依山造坟。他在遗嘱中说："冢足容棺，殓以时服，不须器物。"意思是墓穴切不可求大，只要能容纳下一口棺木即可；入殓时，只穿平时便服，不放任何陪葬品。

这简短的 3 句话，是诸葛亮廉洁自律、高风亮节的具体体现，其至真至诚，惊世骇俗，感人寰，泣鬼神，成为千古之典范。

诸葛亮的智慧、作为、人品、治国方略、理民之干和军事才华，构成了那个时代伟人的真身。他以实际行动验证了自己"鞠躬尽瘁，死而后已"的诺言，在当时就受到了敌我友各方的肯定。如他的老对手司马懿曾赞叹说："天下奇才也！"

诸葛亮勤俭廉政，励精图治，他的风范被当作民族精神而一代一代传承，历朝历代都把诸葛亮作为智慧的化身、精神的楷模。

胡质做官追求清廉

胡质，曹魏时期官员。他为人正直善良，执政廉洁清白，为世人所称道。

胡质年轻时就在江淮之间闻名，在州郡任职。后来被举荐给曹操，曹操于是任胡质为河南濮阳顿丘令。后来历任丞相东曹令史，扬州治中。胡质任扬州治中时，将军张辽与其护军武周有矛盾，就请胡质出任幕僚，胡质以病推托。

张辽对胡质说："我有心任你做官，你为什么辜负我的厚意呢？"

胡质说："古人相交，看他索取很多，但仍相信不贪；看他临阵脱逃而仍相信他不怯，听说流言而不为所动，这样交情才可以长久啊！武周身为雅洁之士，以前您对他赞不绝口，而今只为一点小事，就酿成矛盾。何况我胡质才能浅薄，怎么能始终得到您的信任呢？因此我不愿意就职。"

张辽很受感动，与武周重归于好。

曹操听说了这件事，认为胡质为人正直善良，就召任他为丞相长史。

黄初年间，胡质转任吏部郎、常山太守，后迁任东莞太守。在东莞期间，他秉公办案，明察暗访，曾使东莞士人卢显被杀一案水落石出，人们交口称赞，说他是个清官。

胡质每得到赏赐，都分给众人，从不收藏家中。在东莞郡任职9年，吏民安居乐业，将士恭敬从命。胡质任荆州刺史时，他的儿子胡威从京都来看望他。由于家境清贫，没有车马和童仆，胡威只得独自赶着毛驴前来探望父亲。

胡质父子在荆州相聚了 10 余天后，儿子胡威要返回京都了。临别时胡质拿出一匹细绢，送给儿子以作为归途中的盘缠。

胡威见到这匹细绢，竟然大吃一惊，忙向父亲跪下，不解地问道："父亲大人，您一向廉洁清白，不知是从哪儿得到这匹细绢？"

胡质深知儿子的心意，高兴而又坦然地笑着对儿子说："孩子有所不知，这不是赃物贿品，而是我从薪俸中节省下来的，所以用来给你做路上的盘缠。"

胡威听父亲这么一说，才伸手接过细绢，告辞了父亲。胡威独自赶着毛驴踏上了归途。一路上，他每到客栈，都是自己放驴、劈柴煮饭，从不雇用别人。同住客栈的人得知他是荆州刺史胡质之子后，无不惊讶，又无不钦佩。

3 天后，一位自称去往京都的人，提出与胡威同行。此人谈笑风生，为人慷慨大方，自和胡威同行之后，百般殷勤地照料着胡威。他不仅处处帮着胡威筹划出主意，有时还请胡威吃喝。

这样一连几天，胡威心中暗暗地纳闷

了。心想，此人看来心眼并不坏，但他与我素不相识，为什么对我一见如故，又如此百般殷勤呢？胡威对他的行为产生了怀疑。

原来，此人是胡质属下的一个都督，早就有意想巴结讨好胡质，但听说胡质为人正派清廉，最不喜欢溜须拍马的人，所以一直没找到合适的理由和时机。这次，他听说胡质的儿子要独自回京都，自认为是个献殷勤的大好机会，于是他探听得胡威启程的日子，就提前以请假回家为理由，提前做好了准备，暗中带着衣食之物，在百里外的地方等着胡威，以便同他结伴而行。所以，他等到胡威后，才有这一番表现。

胡威在多次与那人的私下谈心中，终于得知了真情。于是，胡威立即从自己的行包中取出了父亲送给他的那匹细绢，递给这位都督，以此偿还他一路花销的费用和情意。这位都督拒绝不收。

胡威说："我父亲的为人，你应该是知道的。他为人正直，执政廉洁，从不接受别人馈赠，我做儿子的如果仗着他的权势占别人的便宜，就等于在这匹白绢上面泼上了污水，岂不大错特错了吗？"

那都督看到胡威态度如此坚决，只好十分尴尬地拿着那匹白绢和胡威道别了。后来有人把这件事详细地告诉了胡质，胡质责打都督 100 杖，除去了他的吏名。

胡质后来升迁为征东将军，奉令统督青州、徐州军事。他在任上广开农田积蓄粮谷，有多年的储备，还设置东征台，一边耕作一边守备，又在各郡中修通渠道，以便舟船通行，严加设防以对付敌人来犯。沿海地区因此没有战事。

胡质性情深沉，心中对事情明察秋毫，不以表面现象判断事物，能够深加思索，从不以自己的标准去衡量他人，因此得到他人的爱戴。他去世时，家里没有什么财产，只有皇帝所赐衣物和书橱。

胡质手下的人把这些情况报告给了朝廷，朝廷追封胡质为"阳陵亭侯"，食邑百户，谥号"贞侯"。并由其子胡威继承爵位。再后来，朝廷再次下诏书大加赞扬胡质清正节俭的行为，赐给他们家钱财和粮食。

胡质的品行和事迹被载入史册。《三国志》说他是"国之良臣"，《晋书》说他"以忠清著称"，《馆陶县志》说他"性沉实内察，然不苟求群下，故为所在称誉"。

成吉思汗一代天骄

1162年，蒙古乞颜部酋长也速该的帐篷里生下一个男孩，也速该以"铁木真"的名字赐给这个头生子。铁木真在蒙语里是"精钢"的意思，也速该用这个名字来表明对儿子的厚望。

在铁木真9岁那年，也速该被塔塔尔人下毒药毒死。铁木真的弟弟妹妹年龄很小，他们家既缺乏牲畜，也缺少劳动力，生活十分艰苦。幸亏他的母亲很能干，勉强维持生活。

泰赤乌的首领担心铁木真长大后东山再起，于是，他们对铁木真家的住地进行了一次突然袭击。捉去铁木真，套上木枷到处示众。铁木真逃走后，为了防止再遭袭击，他把全家迁到肯特山去居住。

几年后，铁木真和孛儿帖结了婚，以便取得翁吉剌部的支持。可是婚后不久，蔑儿乞惕部落突然袭击了铁木真的营帐。在战乱中，铁木真虽然逃了出来，但他的妻子孛儿帖却被蔑儿乞惕部落的人掳走。

艰辛的生活，接连的打击，不仅没使铁木真灰心丧志，反而更增强了他的复仇决心。铁木真的父亲也速该生前和克烈部的首领王罕脱斡里勒汗是结义兄弟。为了争取王罕支持，铁木真忍痛把妻子孛儿帖当初带来的嫁妆黑貂裘献给王罕，并称他为义父。孛儿帖遭俘后，铁木真请求王罕出兵，王罕欣然同意。

铁木真召集过去属于自己家族的部众，又约了自己的"安答"，蒙古札答剌氏族首领札木合，三方联军，突袭蔑儿乞惕部。蔑儿乞惕部大败，铁木真夺回了孛儿帖，壮大了自己的力量。

没有多久，札木合的弟弟由于抢掠铁木真的马群被蒙古部人杀了，札木合以此为借口，纠集他所属的 13 部共 3 万人向铁木真发起进攻。铁木真也把自己的 3 万士兵分成 13 翼迎战札木合。

双方在克鲁伦河畔的答兰巴勒主惕展开了一场大战。这就是蒙古族历史上著名的"十三翼之战"。铁木真在这场战役中失败了。

1201 年，铁木真和王罕联合，击败了札木合部。第二年，铁木真又全歼了残余的塔塔尔人，此外，弘吉拉等部又前来归顺。这样，蒙古草原东部的各部都已统一归并于铁木真的麾下。

铁木真的势力不断扩大，使王罕脱斡里勒感到威胁，王罕和铁木真的关系开始恶化。王罕纠结札木合联合向铁木真发动突然袭击。铁木真失利，他退到班朱泥河沼泽地停了下来。后来，铁木真派兵暗暗包围了王罕的驻地，然后突然发起进攻。经过三天三夜激战，占领了王罕的金帐，完全消灭了克烈部，王罕逃到鄂尔浑河畔，后被乃蛮人杀死。

强大的克烈部被

消灭以后，蒙古草原上唯一还有力量与铁木真抗衡的，是西边的乃蛮部。1204 年夏天，铁木真灭掉了乃蛮部，蒙古草原上再也没有可与他争锋较量敌手，铁木真威名震动了蒙古草原。后来，蔑儿乞人的首领逃走了；汪古部主动前来归附；札木合也被他的部下绑了送交铁木真，最后被铁木真处死。

这样，铁木真完成了统一蒙古的大业。

1206 年，全蒙古的贵族和功臣们在鄂嫩河畔举行忽里勒台，也就是大聚会，大家一致推举铁木真为全蒙古的大汗，并且上尊号为"成吉思汗"。成吉思汗，是蒙古语"强大"的意思。

这一年，铁木真 44 岁。

成吉思汗成为蒙古的大汗，标志着蒙古族的历史进入了一个新阶段。在东起呼伦贝尔草原，西至阿尔泰山的辽阔地域内，操着不同语言和具有不同文化水平的各个部落，逐步形成了勤劳勇敢的蒙古民族。

成吉思汗统一蒙古以后，建立了第一个蒙古国政权。他在军队建设、军事行动，以及文化和文法方面，采取了强有力的措施。

成吉思汗对于军队建设，可谓不遗余力。他在原"千户军"基础上整编蒙古军，把全体蒙古牧民编为十户、百户、千户和万户，任命大大小小奴隶主为"十户长""百户长""千户长"和"万户长"。

成吉思汗还扩充了一支由他亲自指挥的 1 万人的护卫军，这支军队从人员的挑选、武器的配备到战术的训练等各方面都是非常严格的。

成吉思汗在 1205 年至 1209 年间 3 次洗劫西夏，迫使对方请和，并答应每年向蒙古纳贡。

1219 年秋，成吉思汗亲自率领 20 万军队进攻花剌子模。在后来的 1235 年和 1252 年，成吉思汗的子孙又发动了第二次和第三次西征，横跨欧亚，建立了"大蒙帝国"。

成吉思汗还颁布了文法。在蒙古社会中，大汗、合罕是最高统治者，享有至高无上的权威，大汗的言论、命令就是法律，成吉思汗颁布的"大札撒"记录的就是成吉思汗的命令。成吉思汗的"训言"，也被称为"大法令"。

1206 年成吉思汗建国时，命令失吉忽秃忽着手制订青册，这是蒙古族正式颁布成文法的开端。

1227 年，成吉思汗在远征西夏的途中，在清水县西江去世，终年 66 岁。

成吉思汗死后实行了"密葬"，所以真正的成吉思汗陵究竟在何处始终是个谜。坐落在鄂尔多斯市伊金霍洛旗甘德利草原上的成吉思汗陵是一座衣冠冢。

各言尔志

居敬而行简

子曰："十室之邑，必有忠信如丘者焉，不如丘之好学也。"

子曰："雍①也可使南面。"

仲弓问子桑伯子②。子曰："可也，简③。"仲弓曰："居敬④而行简⑤，以临⑥其民，不亦可乎？居简而行简，无乃⑦大⑧简乎？"

子曰："雍之言然。"

【注释】

①雍：孔子的学生，名冉雍，字仲了。

②子桑伯子：人名。

③简：简要，不烦琐。

④居敬：做事心存恭敬。

⑤行简：指推行政事简而不繁。

⑥临：面临、面对。此处有"治理"的意思。

⑦无乃：岂不是。

⑧大：同"太"。

【解释】

孔子说："假如只有十户人家的小村子，也一定有像我一样讲忠信的人，只是不如我那样好学罢了。"

孔子说："冉雍这个人，可以让他去做官。"

仲弓问孔子：子桑伯子这个人怎么样。孔子说："此人还可以，办事简要而不烦琐。"仲弓说："居心恭敬严肃而行事简要，像这样来治理百姓，不是也可以吗？自己马马虎虎，又以简要的方法办事，这岂不是太简单了吗？"孔子说："冉雍，这话你说得对。"

【故事】

朱元璋称帝不忘节俭

克己奉公思想发展至明代，明代初期朝廷逐渐具有了先进的执政理念，将节俭作为"克己"的行为准则。而大明王朝的建立者朱元璋与一般封建帝王不同之处，就在于他讲究节俭。

朱元璋出身于农家，放过牛，种过田，做过和尚，要过饭。在民间渡过24年颠沛流离、饥寒交迫的生活。投奔红巾军后，凭着自己的战功，从小亲兵一步步上升为控制半壁江山的吴王，在战场上度过了16年出生入死的戎马生涯，最后建立了明王朝。曲折艰难的经历，使他更加懂得节俭的重要。

朱元璋不喜欢饮酒，大明王朝建立后，他多次发布限制酿酒的命令。他更不爱奢华，在营造宫殿时，工程设计者送来图样，他把雕琢考究的部分都去掉。

朱元璋曾经对中书省官员们说："宫殿只要坚固就行了，何必过分华丽。当初尧住的是十分简陋的茅屋土阶，却是历史上有名的好帝王。后世竞相奢侈，宫殿里有无穷无尽的享乐，欲心一纵，就不可遏止，于是祸乱就产生了。假使做皇帝的能节俭，下面的臣子就不会奢侈。要知珠玉不是宝，真正的宝是节俭。今后一切建筑都要朴素，不准浪费民力。"

他命令太监们在皇宫的墙边种菜，不要建造亭台楼阁。

有一次，司天监把元顺帝亲手制作的水晶自动宫漏献给朱元璋，却被朱元璋严厉地训斥了一顿。有人给朱元璋送来镂金床，同样遭到他的严厉训斥。

为了让儿子得到锻炼，朱元璋规定诸子出城稍远，除了骑马外，要有近一半的路程靠步行。

朱元璋还带着太子朱标到农民家去，并告诫太子说："农民勤四体，务五谷，身不离田亩，手不离末耜，终年勤劳。住的是茅屋，穿的是布衣，吃的是粗粮，国家经费还要从他们身上出。"

朱元璋的俭朴生活影响了很多人，朝廷内外许多官员都很俭朴，乃至天下养成勤俭风气，化民成俗。

如济宁府知府方克勤在工作中的谨慎和生活上的俭朴，是明代初期廉吏的典型。他官职不低，月俸 20 石，但自奉简素，不服纨绔，一身布袍 10 年不换。家中房屋坏了，属吏请为之修缮，他说："不要因为我的私事而劳民，自己买苇席障之，蔽风雨而已。"

朱元璋不仅自己以身率先、勤政俭朴，还

居敬而行简

立法定制，要使富者得以保其富，贫者得以全其生。对贪得无厌，横行不法的豪强地主，采取严刑重法加以打击。使当时的社会经济得以恢复和发展。

朱元璋是历史上的一位出众皇帝，在历史的前台演出了一幕幕惊人的话剧，令人难忘。然而在后台，还有一位不应被遗忘的人，她就是朱元璋的妻子马皇后。她和朱元璋同甘共苦，终身相伴，一生节俭，给朱元璋的称王事业以很大辅助和影响。

安徽凤阳是朱元璋发迹的地方，至今还流传着歌谣和民间故事，说道：

说凤阳、道凤阳，凤阳是个好地方，不仅出了个朱洪武，还有一个贤德的马皇娘。

1368年，朱元璋在封功授爵的典礼上称赞马皇后说："皇后出身布衣，和我同甘共苦，创业天下，她的内助之功非常大。"

马皇后早年丧母，被郭子兴夫妇收养为义女。郭子兴只有两个儿子，没有女儿，因此十分疼爱这个义女并教她读书识字。马氏长大后不但出落得端庄美丽，而且知书达理。郭子兴做农民起义军元帅时，马氏嫁给了英勇善战的朱元璋。在朱元璋平定天下、创建帝业的岁月里，马皇后和他患难与共。

作为皇后，马氏一心一意关心、辅助丈夫治理这个新诞生的政权，同时又勤劳地治理内宫和教育子女。

马皇后每日起早贪黑，亲自带领、督促宫妃们治女红，从不懈怠。她常告诫内宫妻妾、王妃公主说："无功受禄，是造物主所憎恶的事。我们这些后妃妻妾，受用着山珍海味，锦绣衣裳，却终日悠闲无所作为，这岂不违背了造物主的意志吗？因此，我们应该勤劳治女红，来报答造物主的恩宠！"

居敬而行简

马皇后每见织工纺织时的零头、断线，她总是让人收集起来，然后织成布匹，制成衣服，赐给各王妃、公主。她告诫后宫的人们："生长在富贵中，应当知道农妇种桑养蚕的艰难不易。"

马皇后严格地教育自己生的 5 个儿子，希望他们将来一个个都成为正直有为的人，经常督促他们学习为人和治国的道理。

她常对王子们说："你们的父亲出身穷人，能成为万民之主，治理国家，为人民求太平，也是勤学的结果。你们后辈小子，更应当勤奋好学，不要辱没了你们的尊贵的出身！"

她还教诲王子们为人要仁爱忠厚，同情贫苦的人民。她经常把农民种庄稼的辛苦和下层人民生活的艰难告诉王子们，要求王子们关心人民疾苦，戒除自己的骄纵。

马皇后严格地教育子女，特别对皇太子朱标的教育很重视，让朱元璋遴选宋濂等名儒教读。

她还时常地训诫朱标说："你生长富贵之家，不知贫民疾苦。现在从师受读，要以仁德为怀，不可好逸恶劳，心存骄奢。须知这些都是自取败亡的原因，你要永远铭记才好。"

马皇后最小儿子周王朱橚，少时放荡不羁，当他成年后至藩地开封，马皇后派江贵妃随同一起去。她交给江贵妃一件自己常穿的破旧衣服和一根木杖，嘱咐道："倘若周王有过错，你就穿上我的衣服，代我责他。如他倔强不听话，就派人飞马送报京都，不要轻易饶恕！"

每逢各地有灾荒，马皇后就率领宫人们食野菜。这时，朱元璋就宽慰她说："已发送粮食去救济那里的灾民，皇后不必过于忧心。"

在平日里，马皇后经常问朱元璋："百姓们是否安居乐业？"她还说："皇帝是天下之父，我作为皇后，便是天下之母了。百姓们若是不能安生，我们做父母的，又如何能够心安理得在这里享受呢？"

由于明太祖朱元璋注重休养生息，国力逐渐恢复。宫廷内外，崇尚奢侈的习气风行起来。马皇后力挽颓风，卓尔不群，仍以俭示天下。

马皇后还严禁宫女们衣着特殊，并以身作则，做出表率，"食不求甘美"，常身穿裙子也不加花边。在她的影响下，"左右旁人皆无香薰之饰"。每月的初一和十五两天，众宫妃前往请安，看到她穿着与众不同的粗疏袍衣，却以为是绮丽的新式样。

有一次，宫妃们特意走到马皇后面前细看，看清是极粗劣的衣服之后，都忍不住笑了。马皇后严肃地说："这种布特别适宜染色，穿旧了，还可以染旧如新。因此我穿着它。"

马皇后平时居家，总穿一身粗布衣服，虽已破旧也舍不得换。每次制作衣服的零布，她都收集起来，做成被褥。她常说："身处富贵，应为国家爱惜财物，随便丢弃，毁坏东西，是古人深以为戒的！"

有一次，一个宫女对马皇后说："皇后，您身为天下至富至贵，又何必舍不得这些小东西呢？"

马皇后严肃地说："我听说古代后妃，都是富而节俭，贵而勤劳才被史籍称誉的。做人最不应该忘记的是勤俭，不应仗恃的是富贵。勤俭之心一动摇，灾难就随之而来了。我每想到这些，就不敢忽视这些生活小节。"

宫女们听了，无不叹服；嫔妃们听了，都十分感动，纷纷颂扬马皇后的美德。

1382 年，52 岁的马皇后病逝。临终嘱咐朱元璋"求贤纳谏，慎终如始"，并愿"子孙皆贤，臣民得所"。朱元璋常将马皇后的贤德与长孙皇后相提并论，她们的确可以先后媲美。

史书上还说，马皇后出殡那天，南京百姓几乎倾城而出，自发为她送葬。时值盛夏，史载那天忽然电闪雷鸣，下了一场瓢泼大雨，那扶老携幼的万千百姓在大雨中恸哭，竟然没有一个回家躲雨的。

马氏作为一个平凡女子，在艰难逆境中帮助朱元璋成就大业。在大富大贵时，不奢不骄，始终不忘民间疾苦，不改勤俭本色，并用自己的言行来规劝、影响皇帝朱元璋，做出极不平凡的业绩。她对后世影响极大，明、清诸后乃至命妇民妇皆以其为楷模，争相仿效。

王翱当官一身廉洁奉公

朱元璋崇尚节俭，促成了明代初期良好的执政风尚，而明代后来的几代帝王也多以节俭为荣。帝王垂范，下必效之，明英宗时的王翱，就是一个廉洁奉公的臣工。

王翱出生在今河北孟村县王帽圈村，曾任明代吏部尚书、太子太保等职。他居官不图私利，廉洁奉公，人们都十分敬重他。

王翱在辽东监督军务的时候，和一个监军太监荣公交谊甚好。后来，王翱升任吏部尚书，回京就任，便设法寻找过去在辽东时的同事荣公的后代。

王翱找到了荣公的两个侄子，便请他们到府内，对他们说："你们叔父荣公为官清廉，给你们遗留的财产不多，你们的日子可能不富裕。如果有什么困难，可到我这里来领取。"

两人心想，这不过是说句客气话罢了，就随便说了声："好吧！"

后来，王翱一见到荣公的两个侄子总是问他们："日子难不难？是否需用银两？"

这样一连几次，两人好生奇怪，就商量说："既然王天官经常问，必定真心实意，咱写一张买房契据，看他怎样。"于是，两人写了一张假房契，列价500两银子，便带着来到了吏部尚书府上。

见面寒暄以后，王翱又问起是否困难。两人见问，双手呈上房契说："刚刚买了一所房子，准备开个小店，只是眼下无钱还房债。"

王翱看过房契，微微一笑，从柜子里拿出一件皮袄，"哧啦"一声将袄撕开，取出一个红包来，然后笑嘻嘻地将红包递给他俩。

两人接到手里一看，上写有两行蝇头小字，是叔父荣公的笔迹，写的是："赠王都察院惠存，荣顿首拜。"红包封固完好。

两人纳闷，问道："这是什么呢？"

王翱示意拆封。拆开一看，只见亮晶晶、光闪闪、明晃晃的两对宝珠，耀人眼目，两人都惊呆了。两人心发热，眼发酸，"扑通"一声给王翱跪下了，含着满眼泪水说："王大人，这宝珠是叔父给您老人家的，小侄万万不敢收。"

王翱闻听，哈哈大笑，扶起他们，说："俗话讲，物归原主。在辽东时，我与荣公志同道合，共抗外侮，结成莫逆之交。我在离别时，荣公非赠给我先皇所赐宝珠不可。盛情难却，我便收下了。现在你们困难，就拿去置点产业吧！"

两人听罢，感动得热泪涟涟。心里说：王大人真是清官，名不虚传啊！

王翱身为朝廷命官，始终不忘"守身如玉当慎初"这句古训，真正做到了两袖清风，依旧过着和百姓一样的生活。

有一次，王翱念及年幼时受到过许多父老乡亲的帮助，想请众乡

亲过来聚一聚，聊聊家常。

乡亲们像过年一样，换上干净衣服来到王翱家做客。

大家都说："王翱有良心，当官不忘穷乡亲。今儿个总算借王翱的光，开开胃口了。"

王翱让仆人端上来一桌子北京西山的"一兜蜜"大红柿子。大家很少吃到这样的柿子，都很高兴。

其中有个叫王二古的人，只想等着吃下面的山珍海味，就只吃了一个柿子。可是大家把柿子吃完了，天都快黑了，却连一个冒着热气的菜也没等来，更别说什么山珍海味、珍贵名酒了。

王二古只吃了一个柿子，心里不甘，就发牢骚说："甭看他对大伙这样，他自己还不知吃什么山珍海味、燕窝鱼翅呢。我倒要看看，你家到底吃什么饭！"

第二天早饭的时候，王二古装着串门的样子来到了王翱家。刚一进门，就听见"哧"的一声，衣裳挂在了破损的门板上，扯了一大块。接着进屋，又是"梆"的一下，额头又碰在低矮的门框上，疼得直咧嘴。

这时，王二古看见王翱正在吃饭，桌上放着高粱米面的窝头和玉米粥，旁边有几棵大葱、酱和腌咸菜。他心想，这不还是庄稼饭吗？再看王翱，正吃得津津有味。

王二古觉得胡乱猜疑对不住王翱，坐在那里有些不自在。没想到稍一动弹，就听"啪嚓"一声，身下的凳子面掉落在地上。原来，椅子有两条腿是圆木棍顶着的，另外两条腿的位置靠着墙，下面有一长摆砖支撑着。

王二古心里很不是滋味，后悔自己冤枉了王翱。这件事很快被其他老乡知道了，人们都说："王翱和咱老百姓一样，他真是个清官啊！"

王翱持家严谨，对自己家属管束很严。在原则面前，他对家人简直达到了寸步不让的地步，有时甚至让人无法接受。王翱有个女儿，嫁给了在京郊做官的贾杰。王夫人非常疼爱女儿，常常接女儿回娘家来。

每次去接，女婿都跟妻子说："你父亲是吏部尚书，掌握着官吏的命运。只要岳丈尊口一开，我就可以像摇树叶一样被摇到京都。那时，你们母女就可以常相陪伴了！"女儿只得把这话告诉了母亲。

这天晚上，王夫人特意做了好吃的款待丈夫。趁酒意正浓时，夫人跪地说："我为女儿、女婿求个情，求求你把女婿调到京城里来吧！"

王翱听后，火冒三丈，怒斥道："亏你说得出口，想叫我借用手中的权力徇私情吗？如果官吏们都提出如此要求该怎么办！"他越说越气，竟抄起桌上的餐具，冲着夫人摔了出去。

夫人头破血流，泣不成声。王翱却回到朝房，一连住了10多天。从此，调转的事没人再敢提了。

王翱的孙子王辉，在太学读书。他乖巧伶俐，很讨爷爷喜欢。一天，王翱正在书房看书，王辉推门进来，高兴地说："爷爷，我要参加秋试。"说着，拿出盖着官印的秋试证给王翱看。

王翱一看秋试证，就皱起了眉头，心想：阿辉没念几天书，根本没资格参加秋试，显然是在利用自己的官名作弊！

想到这里，他严肃地说："阿辉，你如果确有真才实学，我怎么能埋没你的才学？可你的书底儿我还不知道吗，若遇到糊涂主考官，你考取了，却误了另一个穷秀才的前程。你吃得好穿得暖，何必强所不能呢？还是别考了。"说着将秋试证给烧了。

望着腾起的火焰，当爷爷的还不忘唠叨几句："堂堂正正，诚实正直，才是七尺男儿的本色！"

王辉听着爷爷的话，很有感触，最后照办了。

王翱不图私利，廉洁奉公的品格，在封建时代是非常难能可贵的。他一生历仕明代七朝，辅佐六帝，去世后谥号"忠肃"，人称"忠肃公"。

戚继光治军不徇私情

　　儒家的"克己"，就是克制、约束自己的私心；儒家的"奉公"，就是以公事为重。克己是奉公的前提。克己的标志之一就是不徇私情，明代抗倭名将戚继光在治军过程中不徇私情，是明代克己奉公的又一个典型。

　　戚继光是明代山东登州人，17岁时承袭了父祖历任的登州卫指挥佥事之职，25岁时被提升为署都指挥佥事，担负起山东沿海防守海疆、抵抗倭寇的重任。

　　那时候，我国东南沿海地区倭寇为患，达到了猖獗的程度。素有威名的戚继光被调任到倭患最为严重的浙江任都司佥事，主持这一地区的抗倭斗争。

　　倭寇的不断侵扰，激起戚继光歼敌卫国的义愤，曾写下"封侯非我意，但愿海波平"的诗句。体现出不图私利，一心为国的高尚境界。

　　为了夺取抗倭斗争的胜利，戚继光到前线后，开始组建部队，并三令五申要求严守纪律。但有的将士散漫惯了，时常违犯军纪。戚继光秉公执法，坚决按军法从事，狠狠惩办了几个严重违犯军纪的将士。

　　戚继光有个舅舅，在戚继光的队伍里当小官。他觉得自己是戚继光的长辈，别人害怕戚继光威严，他却满不在乎，甚至故意公开违犯军纪。这样一来，上上下下议论起来，都拭目以待，要看看戚继光如何处置违犯军纪的舅舅。

　　这件事确实使戚继光面临一场严峻考验。如不一视同仁，秉公执法，就不能折服众将士，更关系到能否训练出一支纪律严明，勇敢善战的军队，完成御倭重任的大事。

　　戚继光大公无私，从国家和民族利益的大局出发，毅然按照军法鞭打了自己的舅舅。

当天晚上，戚继光把深感委屈的舅舅请来，恳切地说："按辈分说，我应该尊重您，可是在军队里，您和我则是上下级关系，所以又不能不处罚你。军队要保家卫国，要抗倭，不能没军纪。如果我从私情出发，袒护舅舅，那怎么能使别人心服？因此，请您老人家从大局着想，谅解外甥。"

他的舅舅听了外甥深明大义的话，惭愧而激动地说："我违犯军纪，受军法处置是完全应该的。你整顿军纪，执法无私也是完全正确的。今后我一定带头服从命令，遵守军纪。你就放心吧！"

戚继光公事公办，严肃处理舅舅违法的事，很快就传开了。从此，全军上下，人人遵守纪律，严守训练规则，绝少发生违纪抗令之事。

经过一段时间的整训，一支军纪严明，英勇善战的"戚家军"终于训练出来了。戚继光规定：擂鼓需进，就是前面有水有火，也要奋勇前进；鸣锣需退，就是前面有金有银，也要坚决退回。

这支军队，在抗倭斗争中，令行禁止，步调一致，攻无不克，战无不胜，而且对百姓秋毫不犯。倭寇一听"戚家军"来了，就闻风丧胆，狼狈逃窜。

有一次，戚继光率领军队在台州府围剿一股倭寇，倭寇与戚家军接战之后，很快大败，有一股残敌想绕道城北的大石退守仙居。

为了彻底消灭这股倭寇，戚继光立即命自己的儿子戚印为先锋，率领军队抄近路在白水洋常风岭一带进行伏击。

临行前，戚继光一再交代戚印，与倭寇接战之后，不要急于求胜，要佯装失败，将敌人诱至仙居城外再予以反击，以迫使城中的倭寇出援，一举歼灭。他最后强调说："违反军令者，要按军法处置。"

戚印率军到达常风岭之后，将军队埋伏在山道两旁的树丛中。此时，倭寇的队伍也沿着这条山道开了过来，前面还押着一些抢掠来的妇女和牛羊等。

小将军戚印一见之下，怒火中烧，再也沉不住气，马上下令军队展开总攻。一时间，矢石齐飞，刀枪猛舞，喊声震天。戚印只顾奋勇杀敌，早已忘记了父亲临行前"只许败不许胜"的交代。霎时间，就将敌人全歼在山道之上。

伏击全胜，将士们个个欢欣鼓舞，大家都说："戚印作战勇敢，杀敌有功，一定会受到主帅的表扬和奖赏。"

戚印带领部队，高奏凯歌，得胜回营。然后，兴冲冲地前往父帅营帐，向父亲报捷。戚继光听完儿子戚印的禀报，勃然大怒道："我让你诱敌，你却伏击，私自出兵，坏我法纪。你违反军令，擅作主张，打乱了我的全盘计划，还说自己有功，真是岂有此理，应该以军法处置！"说完，便命将校将其绑出辕门外正法。

诸将虽然苦苦求情，说戚印虽然是触犯了军令，但其大败倭寇，也是有功之臣，可将功抵罪。

戚继光不答应，说："我是一军主帅，如果我的儿子犯了军令可以不杀，以后还怎么带兵？军中的命令还有谁去执行？"于是，就在白水洋上街水井口这个地方，戚继光忍痛斩了儿子。

后来，当地百姓为了纪念这位打了胜仗又被斩首的戚小将军，就在水井口用小石子铺起了花样石子街，又在花冠岩山下修建了太尉殿。据说戚小将军死后被朝廷封为"太尉"，让人们永远记住这位古代小将的抗倭功绩，也永远记住戚继光铁面无私、从严治军的精神。

据说，后来在一次战斗间隙，戚继光登上连江吼虎山，想起爱子被斩，不禁伤心下泪。后人就在他曾立足思念爱子的地方建起一座六角凉亭，取名为"思儿亭"。

紧接着，戚继光重新做了部署。仅仅在1561年一年之内，戚家军在台州抗倭，就九战九捷，迅速荡平浙江的倭寇。

随后，戚继光又率领戚家军开赴福建、广东，和另一位将领俞大猷共同抗倭。至1565年，东南沿海的倭寇基本肃清，安定了边防。

戚继光从严治军，不徇私情的故事载入史册，流传至今，被人称颂。戚家军的纪律严明闻名天下，但凡出征时有扰民行为的一律斩首示众，所以戚家军无论在哪里作战都能够获得当地百姓的支持，就连少数民族都愿意为之誓死效命，这样的军队是之前无论哪个王朝都没有的。

戚继光牢记父训不虚荣

戚继光出生于世代将门之家，父亲戚景通晚年得子，对继光十分钟爱，但教子极严。

戚继光12岁时，家里修理厅堂。他听一个工匠对他说："你家世代做官，戚将军功名不小，照例该造一间十二扇雕花窗的大花厅，现在你父亲只修一间四扇窗的厅，未免太节省了。"

戚继光听后对父亲说："工匠说父亲官职不小，为什么不修造一间雕花窗的大厅呢？"

父亲摇了摇头说："你小小年纪就贪慕虚荣，将来我这份产业到你手里怕保不住呀。你想想，工匠的话对不对？"

戚继光从小聪明，一下子就明白了父亲话里的意思，回答说："孩儿听从父亲教诲，实在不该听工匠的话。"

第二年，家中要给戚继光定亲。女方家中送来一双非常昂贵的绣鞋，他穿上了绣鞋走到父亲书房，高兴地问："父亲，你看这双鞋漂亮吗？"父亲一见，严肃地说："我上次为修大厅的事就对你说过，不要贪图享乐，你现在又犯了。一双鞋虽小，但如果你爱慕虚荣，享受之心不改，将来当了将军，不爱财不贪污才怪呢？"

戚继光听了红着脸，把绣鞋脱掉说："孩儿知错，这双鞋我绝不再穿。"几年后，戚继光成为一名文武双全的青年军官。

居敬而行简

不迁怒，不贰过

哀公问："弟子孰为好学？"

孔子对曰："有颜回者好学，不迁怒^①，不贰过^②，不幸短命^③死矣。今也则亡，未闻好学者也。"

子华^④使于齐，冉子^⑤为其母请粟，子曰："与之釜。"请益，曰："与之庾。"冉子与之粟五秉。子曰："赤之适齐也，乘肥马，衣轻裘。吾闻之也，君子周急不继富。"

【注释】

①迁怒：把怒气移到别的人身上去。

②贰过：重犯同样的错误。

③短命：颜回死时年仅 31 岁。

④子华：姓公西名赤，字子华，孔子的学生，比孔子小 42 岁。

⑤冉子：冉有。

【解释】

鲁哀公问："你的学生中哪个最好学呢？"

孔子回答说："有一个叫颜回的学生好学，不把学习的怒气发泄到别人身上，也不会重复犯同样的错误，他不幸短命死了，现在就再也没有听说好学的人了。"

子华出使齐国，冉求替他的母亲向孔子请求补助一些谷米。孔子说："给他六斗四升。"冉求请求再增加一些。

孔子说："再给他二斗四升。"冉求却给他八十斛。

孔子说："公西赤到齐国去，乘坐着肥马驾的车子，穿着又暖和又轻便的皮袍。我听说，君子只是周济急需救济的人，而不是周济富人。"

【故事】

汉武帝执法不徇私情

汉代执政者和思想家在前人的基础上，通过对历史与现实的深入思考，认为民为立国之本，执政者应重视人民的利益甘苦和为人民谋福利。民本思想是"天下为公"思想的一个重要表现，而汉武帝刘彻就是"天下为公"思想的继承者和表率，成为我国历史上一个很有作为的皇帝。

汉武帝遇事有决断，而且执法严厉，毫不容情，真正做到了执政为民，克己奉公。事情还要从汉武帝的妹妹隆虑公主说起。

隆虑公主有个儿子，叫昭平君，也就是汉武帝的外甥。昭平君依仗自己的舅舅是皇帝，母亲是公主，常常仗势欺人，干了许多坏事。隆虑公主对这个宝贝儿子疼爱得很，但也清楚地知道，如果任其下去，早晚有一天会闯下大祸。

后来，隆虑公主得了重病，久治不愈。作为母亲，隆虑公主对于顽劣的儿子昭平君深感忧虑，实在是让她放心不下。

隆虑公主临终之前，把哥哥汉武帝找到跟前，给了他黄金千斤，钱一万缗。伤心地说："我只有这么一个儿子，我真担心他以后会犯国法，被判死罪。现在我把这些钱财交给你，只求你将来能念兄妹之情免掉他的死罪，这样我死后就能闭上眼睛。"

这种事没有先例，但汉武帝见妹妹病得很重，为了让妹妹宽心，就轻声慢语地安慰了妹妹一番，并当场答应了妹妹的请求。

隆虑公主去世后，昭平君更加无法无天，整天胡作非为。有一天他喝醉了酒，竟然平白无故地把一个年老的官员杀死了。朝廷的有关部门只好把他抓起来关在监狱里。但由于他的皇亲贵子的特殊身份，谁也不敢给他判刑。

汉武帝知道了这件事，感到很为难，叹息道："我妹妹很晚才生这个儿子，死前把他托付给了我，现在要判他死罪，我实在不忍心呀！"

左右的大臣们都说："公主对朝廷是有功的，现在已经驾鹤西游，算是替儿子赎了罪，陛下就赦免她的儿子一次吧！"

汉武帝自然不会忘记，妹妹当年曾经为朝廷做过许多有益的事情，甚至可以说是巾帼功臣。想当年，汉景帝刘启将她许配给长公主的儿子隆虑侯陈蟜，封她为隆虑公主。隆虑就是现在的河南林县。

隆虑公主虽出身帝王之家，但却喜欢田野的清新，有到民间创一番事业的壮志。所以，她催促丈夫早点到封国来，要亲自领略一下封邑的绮丽风光。从长安出发，她沿途访察民情，实地调查，决心要在封邑有一番作为。

隆虑公主依照其祖

父汉文帝刘恒和其父汉景帝的决策，辅佐丈夫陈蟜治理隆虑，使饱经战乱的隆虑人口数倍增加，经济迅速发展。

此外，隆虑公主一生勤俭，在临终之前，将田地和钱财给了仆人婢女和鳏寡孤独，还将黄金千斤和钱千万上交给了国家。

对于妹妹隆虑公主的功绩，汉武帝自然是心中有数的。而对于妹妹的儿子昭平君杀人这件事，汉武帝很清楚，自己的行动将要给整个国家带来影响。如果自己置法律于不顾，今后还怎么去治理国家？杀人要偿命，应该判昭平君死刑！

于是，汉武帝对左右的大臣们说："法令是先帝制订的必须遵守。如果因为我妹妹的缘故，而破坏了法令，我还有何面目入高庙，而且也辜负了天下的老百姓，这岂不失信于民？"最后，汉武帝下达了将昭平君斩首的命令。

依法处死了昭平君，汉武帝心里也很难过。但是，太中大夫东方朔却向汉武帝祝酒说："赏功不避仇敌，罚罪不考虑骨肉，陛下，这两点您都做到了！四海之内的百姓就会更加钦佩您的开明。"

汉武帝创造了国家的兴盛，给人民带来了前所未有的尊严，这之中包含着的三个因素，这就是创新、先秦儒家思想的思维开放性和法家思想的余风。在这三者之中，法家思想贯彻得是非常好的。

虽然汉武帝时的大儒董仲舒提出"罢黜百家，独尊儒术"，但汉武帝时的儒家思想还具有先秦时期百家争鸣的影子。所以，在整个汉代，尤其在汉武帝时，重用了许多法家的不徇私情的才干之人。

汉武帝自己就是一个执法严厉的君主，他严肃处理违法乱纪的外甥就是一例，集中体现了先秦法家思想的余风。

特权阶级的人犯了法，往往可以逃脱法律的惩罚。汉武帝作为一位明君，坚持天下为公，秉公执法，在两汉时期产生了极大影响，不仅受到了人们的称赞和爱戴，更起到了极为重要的表率作用。

霍去病拒受御赐豪宅

汉武帝的无私精神，也影响到了他的臣民。霍去病就是其中之一。霍去病出身贫寒，少年时期曾在贵族家中做过奴仆。后来，他的姨母卫子夫做了汉武帝的皇后，霍去病才进入朝廷做了侍中。

虽然地位变了，但霍去病仍然廉洁自俭，绝不像一些贵族子弟那样花天酒地地生活，而是从此立下大志，愿为大汉王朝和天下百姓做些有益的事情。为此，他专心读书习武，希望将来一展报国之志。

霍去病每天苦读兵书，勤奋习武，常常忘了宫中开饭的时间。每逢这时，他就找些剩饭吃，从不叫苦。汉武帝看到他如此俭朴刻苦，就对人说："霍去病，将来一定是一个栋梁之材！"

公元前123年，年仅18岁的霍去病随主帅卫青击匈奴于漠南。他奉命率800名骑兵，负责寻找匈奴的主力部队。霍去病带领小分队一直深入到几百里的大漠深处，终于发现了匈奴主力部队的大营。这时，他本应该向主帅卫青汇报，但勇敢的霍去病斗志昂扬，决定抓住战机，果断地对匈奴主力发动偷袭。

在霍去病的精心部署下，小分队找准时机和目标，对匈奴贵族首领的大帐发动猛冲。800骑兵如旋风般席卷而至，扬起的烟尘遮天蔽日。将士们往来冲杀，如入无人之境。

战至最后，800多人的小分队竟然消灭匈奴2000多人，其中包括相国、当户的官员，还有单于的祖父辈籍若侯产，并且俘虏了单于的叔父罗姑比。霍去病由此勇冠全军。

霍去病初次带兵，就善于捕捉战机并大获全胜。消息传到了长安，汉武帝非常高兴，为了表彰他的战功，破格赐封他为"冠军侯"。

霍去病虽然年轻，但是他在卫青等将领带领和抗击匈奴精神的鼓舞下，充分运用前辈的经验的同时，发挥自己的聪明才智和谋略，运筹帷幄地指挥军队，多次取得胜利。

汉武帝曾经命霍去病为主帅，率兵对河西地区的匈奴进行扫荡。霍去病对军队进行精心的部署，决定自己亲自率领大军长途跋涉，绕到匈奴主力的后方。

霍去病率领军队转战2000多里，在地形极为复杂的河西走廊，孤军切断了匈奴军队的退路，并且在没有援军的情况下，给匈奴军队以沉重的打击。

在这次战役中，霍去病以损失最小的代价一举歼灭匈奴在河西地区的主力，并且俘获2000多人，其中包括匈奴贵族50多人，将军相国等各级军官60多人。

河西战役的胜利，充分地显示了霍去病这位年轻的将军，英勇善战谋略过人的指挥才能。

鉴于霍去病连年征战，立下了汗马功劳，汉武帝一再委以重任，最后提升他为大司马。

霍去病虽然官位很高，但住宅非常一般，汉武帝为了奖励他，特意派人在长安为他修造一座豪华的住宅。住宅修好后，汉武帝十分高兴。他特意带霍去病与他一起去参观这所新住宅。

他们来到了宅院门前，负责营造宅院的大臣介绍说："一切都是按皇上的旨意修建的。主楼中有豪华舒适的寝室，有宽敞明亮的会客厅，有环境幽雅的书房。出了主楼，就是美如仙境的小花园。亭台楼阁，奇花异草，应有尽有。"

他们参观完了这座豪华的宅院，汉武帝兴致勃勃地说："大司马，你可知这宅第是为谁修的？"

霍去病心中虽猜到几分，但还是说："不知，皇上未曾告知下臣。"

汉武帝哈哈大笑起来，说："爱卿，现在我要告诉你，这所漂亮的宅院是专为你修造的！"

霍去病听罢，脸上并未流露出什么喜悦。

汉武帝有些奇怪，问："怎么，你不喜欢？"

霍去病恳切地说："皇上，您对我的恩赐我心领了！但是，这所豪华的住宅，却不能接受。这是因为，我仅是暂时击退了敌人，尚未完全消灭敌人。匈奴未灭，何以家为？"

汉武帝望着霍去病，心中百感交集，一时不知如何说才好。

霍去病又一再拜谢皇恩，汉武帝终于被感动了，自言自语地说："好，好！国家多么需要像你这样的将领啊！"

此后，霍去病又参加了规模空前的"漠北大战"。在深入漠北寻找匈奴主力的过程中，霍去病率部奔袭2000多里，歼敌7万多人，俘虏匈奴王爷3人，将军相国当户都尉83人，匈奴休屠祭天金人也成了汉军的战利品。

霍去病一路追杀，来到了今蒙古肯特山一带。就是在这里，霍去病暂作停顿，率大军进行了祭天地的典礼，在狼居胥山举行了祭天封礼，在姑衍山举行祭地禅礼。

封狼居胥之后，霍去病继续率军深入追击匈奴，一直打到翰海，方才回兵。经此一役，"匈奴远遁，漠南无王庭"。

霍去病和他的"封狼居胥"，从此成为我国历代兵家人生的最高追求。而这一年的霍去病年仅 22 岁。

霍去病去世后，汉武帝十分悲痛，为他举行了隆重的葬礼，并且为他修建一座仿造祁连山模样的宏伟坟墓，来纪念这位为大汉边疆的稳定而立下赫赫战功的将军。"汉骠骑将军大司马冠军侯霍公去病墓"巨大的墓碑，至今还矗立于陕西兴平茂陵墓地。

"匈奴未灭，何以家为？"这短短的 8 个字，因为出自霍去病之口而言之有物、震撼人心。表明他把国家利益放在首位，不顾及个人利益的英雄气概。

从此以后，这句话为人们树立了良好的学习榜样，刻在历朝历代保家卫国将士们的心里，这种精神值得后人传诵和继承。

第五伦为官克己奉公

第五伦也是东汉时期克己奉公的典范。他生性正直，同情百姓，无论在哪儿做官，都能以"克己奉公"要求自己，以为民解忧为己任。他曾担任过许多官职。在担任京兆尹主簿时，具体负责长安城内的市场交易。他认真校正秤、斗、尺等度量衡器具，严格市场管理，很少发生缺斤缺两的事。即使买卖双方有时出现争执，只要他一出面，都能得到公平合理的解决。

在担任会稽太守时，第五伦发现当地素有迷信鬼神的风俗。每逢过节，民间都大量杀牛祭神，从而影响了农业生产。于是，他明令禁止，违者惩处。如此一来，流行多年的歪风很快杜绝，劳苦大众无不由衷地感激。

有一年，朝廷发给他 2000 石俸禄。他领到俸禄后，看到百姓中有些人家生活艰难，于是，留下自家食用外，其余全部分赠给穷困百姓。

第五伦在蜀郡太守职位上，刚开始时，郡府中的属吏从官皆多豪富，有的钱财竟达上千万。他们上下班都乘着华丽的车子，骑着高大肥壮的骏马，耀武扬威，神气十足。在他们的影响下，其他人也都竞相摆阔气，讲排场，致使百姓叫苦连天。

面对这种情况，第五伦毅然采取措施，将富户出身的官吏全部裁汰，另选清贫正直之士替代，并大张旗鼓地进行反腐倡廉。从此，当地不正之风渐渐消停，吏治得到明显改善。

与此同时，他还认真考核每一个属吏，向上举荐了很多德才兼备者，不少人后来都受到朝廷重用。

汉章帝刘炟即位后，第五伦调入朝内任司空，成为朝廷重要官员。汉章帝时，外戚当权，不少仕宦之人犹如墙头草，随风摇来摆去，毫无个人主见。第五伦却出淤泥而不染，始终保持着一身清白。他认为，戚族过盛，应防止他们骄奢擅权，危及朝政。便屡屡上书，抨击时弊，要求抑制外戚势力。

他还明确提出，"对外戚可封侯以富之"，但不能"职事以任之"。结果，得罪了不少有权势的人。这些人同流合污，常常在汉章帝面前进谗言，致使他一度受到皇帝冷落。但他依旧刚正不阿，不入俗流。为此，时人将他同西汉时期的贡禹相媲美。

第五伦虽然身居官位，不但

尽职尽责，奉公做事，而且注重克己，从不骄奢淫逸，生活十分节俭。第五伦在担任太守时，就常常自己动手割草喂马，妻子亲自下厨烧火做饭。每次领到俸粮，除留下自己一家食用之需，全部赠送或以最低价格卖给百姓中较为贫困的人。

有一天，他的下属部门调来了一位新官。晚上，这位年轻的官员特意前来拜见上司。

年轻人走进第五伦家中，看到一位衣着简朴的妇人，说："请禀告你家主人，有客人来访。"说罢坐了下来等待那妇人去禀报。

妇人听了年轻人的话，没有立刻离开屋子，而是上下打量了一下客人，然后和气地问："官人一定是新来的吧？"说着，倒来一杯茶，放在桌上，然后坐在年轻人的对面。

年轻官员见眼前妇人不去禀报，心中十分不悦。他重复说："你回去禀报你家主人，说有客人来。"

妇人刚要说话，恰巧第五伦的小儿子跑了进来。喊道："娘，来客人了？"

这时，年轻官员才明白，这妇人是第五伦的夫人。他十分尴尬，但第五伦的妻子却不在意，仍然和气地说："太守不在家，他吃罢饭，随仆人一起上山割草去了。"

年轻官员惊讶地问："割草？太守去割草？"

第五伦的小儿子说："是割草，爹爹割了草好喂马啊！"

第五伦升为司空后，按说应该有很多积蓄，但实际上并没有。他把大部分钱财都用于救济别人了。

在做司空期间，第五伦对家人要求极严，不许子女穿丝绸制衣，就连他的妻子，平时也只穿粗布衣裙。别的有钱人家，妻妾奴仆成群，第五伦家却粗茶淡饭，家中仅有一两个干重活的仆人。

有一次，第五伦的一个远亲从外地来到他家。远亲心想，第五伦长年做官，现在已经是司空了，官位显赫，家中一定是亭台楼阁，富丽堂皇。

不料，远亲走进第五伦家中一看，完全与他所想的相反，宅院狭小，摆设简朴，许多家具已很破旧。他还看到司空夫人忙里忙外，洗衣做饭，真是让人难以相信。

在吃饭时，这位远亲说："没听说过，大官司空的夫人还要下厨做饭，这不是和下等人一样了吗！"

第五伦听了，不以为然地笑笑说："平常人家的妇人，不仅烧饭，还要干粗活，我们已经比别人强多了。持家要勤俭，否则若养成奢侈浪费习惯，人就会变懒变馋。那样，家风就败坏了，家风不好，那才丢面子呢！"

那位远亲想了想，说："也许你说得是对的，不过，像你这样的大官少见啊！"比起一般人来，第五伦还有一个独到之处，那就是勇于自我剖析和自我批评。有一次，有人问第五伦："你一向尽心公事，难道就没有私心杂念了吗？"

第五伦诚恳地回答道："有。"并且举例说，"以前，有人送我一匹千里马，我虽然没有接受，但每逢'三公'选拔人才，我心里总不能忘记那个人。尽管那人最终并没有被录用，却说明我仍然有私心。再就是我的侄子生病时，我一夜曾去看他 10 多次；我的儿子生病时，有一次没能去看他，竟落得彻夜未眠。若是其他人的孩子生了病，我就可能不会这样。这不说明我还有私心吗？"

事实上，越是私心重的人，反而总是炫耀自己大公无私，以进一步保护他的自私行为。而像第五伦这样私心不重的人，倒是敢于承认自己有私，其目的就是尽量克服私心，做到克己奉公。

第五伦为人诚实，不会花言巧语。他奉公守节，廉洁清白，勇于主持正义，从不看风使舵，哪怕在皇帝面前说话，也直来直去，决不阿谀奉承。因此，他成了有名的无私之人。

霍光一心为公勤辅政

在汉武帝刘彻之子汉昭帝刘弗陵一朝，也不乏一心为公的人。其中重要的人物当属辅政大臣霍光。

霍光是汉昭帝一朝赫赫有名的贤臣。他辅政的时候，汉昭帝年纪尚小，不懂得如何治理国家，霍光就不厌其烦地向小皇帝进谏，告诉年幼的皇帝要尽可能地照顾老百姓，减轻赋税，减少官差，遇到灾荒年要借给百姓种子和粮食等。

由于霍光敢于直谏，使得在汉昭帝时，朝政比较清廉。老百姓也感动地说："孝文皇帝和孝景皇帝的日子，现在又快回来了。"

正是因为霍光不讲情面，一心为公，致使朝廷中的几个大臣不能为所欲为，就把霍光看作眼中钉，肉中刺，非把他拔去不可。

左将军上官桀和他的儿子上官安首先反对霍光。上官安是霍光的女婿，他有一个女儿，只有6岁，却要把她嫁给汉昭帝，将来好立她为皇后。

上官安请父亲上官桀先去跟霍光疏通。霍光说："您的孙女才6岁，现在就送进宫里去，实在不合适。"这话本是一句好话，可是上官桀和上官安觉得霍光阻碍了荣华富贵的道路，从此开始痛恨霍光。

上官安不死心，他找到了汉昭帝的大姐盖长公主的朋友丁外人，请他去请求盖长公主。丁外人花言巧语地向盖长公主一说，盖长公主就答应下来了。

原来汉昭帝从小死了母亲，是姐姐盖长公主将他带大的，一向把大姐盖长公主看成母亲一样，盖长公主怎么说，他就怎么做。就这样，上官安6岁的女儿进了宫，没有多少日子就立为皇后。

上官安做了国丈，还做了车骑将军，他非常感激丁外人，就在霍光面前说丁外人如何的好，意思是让霍光封他为侯。

霍光对于6岁的小姑娘进宫这件事本来很反感，只是因为当时盖长公主主张这么办，也就不便过于固执。可是现在要封丁外人为侯，便表示坚决反对。上官安为此嘴皮子几乎都说出血来，霍光还是不依。

上官安央告他父亲上官桀再去跟霍光商量。霍光说："无功不得封侯，这是高祖立下的制度。"

上官桀降低了要求，就说："拜他为光禄大夫，难道也不行吗？"

霍光断然地说："那也不行！丁外人无功无德，什么官爵都不能给，请别再提啦。"

霍光因此更加得罪了上官桀他们爷儿俩，也让盖长公主和丁外人他们很是不快。

这时，上官桀又去勾结汉昭帝的异母哥哥、燕王刘旦，打算先想办法消灭霍光，然后废去汉昭帝，立燕王刘旦为皇帝。

这样一来，朝廷里有左将军上官桀，车骑将军上官安，还有别的大臣，外边有燕王刘旦，宫里有盖长公主和丁外人，他们联合起来布置了天罗地网，就能将霍光置于死地。

上官桀这伙丧心病狂的家伙，借口霍光把一个校尉调到大将军府里来，就诬陷霍光不尊重皇上，滥用职权，企图借汉昭帝之手除掉霍光。汉昭帝还算圣明，他明察秋毫，及时戳穿了上

官桀等人的阴谋诡计，使霍光得以幸免。

霍光十分感激汉昭帝明辨忠奸，更加坚定了自己恪尽职守，一心为公的信心和勇气。

上官桀等人的阴谋被揭穿之后，就干脆赤膊上阵，准备发动武装政变。他们准备杀了霍光之后，再把燕王刘旦刺死，上官桀自己即位做皇帝。

上官安高兴得像躺在云端里一样：父亲做了皇帝，自己就是太子了！他心里一高兴，就向自己的心腹说了此事。上官安的心腹也有正义之士，就把他们的秘密告诉了霍光。

霍光掌握了上官桀等人的武装政变计划后，为了国家的社稷安危，为了普天下的黎民百姓着想，制订了周密的计划。在这一政变未发动之前，就先发制人，将上官桀等主谋政变的大臣统统逮捕，最后一网打尽了乱党。

平定乱党以后，霍光为了百姓能安居乐业，就建议汉昭帝对少数民族采取安抚政策、减少人头税，提倡节俭，裁撤冗员等，使得当时出现了政治清明，经济发展的景象。

霍光辅政期间，尽职尽责，勇斗恶势力，促成了吏治清明，天下太平的局面。霍光为汉室的安定和中兴建立了功勋，成为西汉历史发展中的重要政治人物，在历史上具有一定影响。

万斯同闭门思过苦读

万斯同是明末清初的著名学者、史学家，是大思想家黄宗羲的学生。

万斯同生而异敏，读书过目不忘。8 岁时，在客人面前能背诵《扬子法言》，终篇不错一个字，到十四五岁读遍了家藏书籍，以后专攻二十一史，并受业于浙东著名学者、大思想家黄宗羲，后又博览天一阁藏书，学识锐进，博通诸史，尤熟明代掌故。

但万斯同小的时候也是一个顽皮的孩子。一次，万斯同由于贪玩，在宾客们面前丢了面子，从而遭到宾客们的批评。

万斯同恼怒之下，就掀翻了宾客们的桌子。他因这一举动被父亲关到了书屋里。万斯同从生气、厌恶读书，到闭门思过，并从《茶经》中受到启发，开始用心读书。转眼一年多过去了，万斯同在书屋中读了很多书，父亲原谅了儿子，而万斯同也明白了父亲的良苦用心。

万斯同经过长期的勤学苦读，终于成为一位通晓历史、遍览群书的著名学者，并参与了《明史》的编修工作。

不迁怒，不贰过

三月不违仁

原思①为之宰，与之粟九百，辞。子曰："毋，以与尔邻里乡党②乎！"

子谓仲弓，曰："犁牛为之骍且角③。虽欲勿用，山川其舍诸④？"

子曰："回也其心三月不违仁，其余则日月至焉而已矣。"

【注释】

①原思：姓原名宪，字子思，鲁国人。孔子的学生，孔子在鲁国任司法官的时候，原思曾做他家的总管。

②邻里乡党：相传古代以5家为邻，25家为里，12500家为乡，500家为党。此处指原思的同乡，或家乡周围的百姓。

③骍且角：祭祀用的牛，毛色为红，角长得端正。

④其舍诸：其，有"怎么会"的意思。舍，舍弃。诸，"之于"二字的合音。

【解释】

原思给孔子家当总管，孔子给他俸米九百，原思推辞不要。孔子说："不要推辞，你不吃也可分给你的乡亲们吧。"

孔子在评论仲弓的时候说："耕牛产下的牛犊长着红色的毛，角也长得整齐端正，人们虽不想用它做祭品，但山川之神难道会舍弃它吗？"

孔子说："颜回这个人，他的心可以长时间内不离开仁德，其余的学生则只能在短时间内做到仁而已。"

在《论语》中孔子对冉雍评价很高，以为他虽然出身贫贱，但才堪大用。

【故事】

亘古第一忠臣比干

比干（前1125年~前1063年），生于商代沬邑，即今河南省卫辉市北。他是商纣王的叔父，是商纣时代丞相。他竭力反对商纣王暴虐荒淫，横征暴敛，结果被商纣王帝辛残杀。

比干是商代以死谏君的忠臣，也是历史上有名的敢于进谏、又不惜以死抗争的忠臣。因为他是历史上第一个以死谏君的忠臣，因此被誉为"亘古第一忠臣"。

比干幼年聪慧，勤奋好学，20岁就以太师高位辅佐帝乙，又受托孤重辅后来的商纣王帝辛。

比干从政40多年，主张减轻赋税徭役，鼓励发展农牧业生产，提倡冶炼铸造，富国强兵。

商纣王刚即位的时候，每次在战场上都表现得异常勇猛。他亲军东征徐夷时，多次亲自带兵往来冲杀，骁勇无比，最后迫使徐夷酋长反绑着双手，口衔国宝玉璧，穿着孝服、拉着棺材向商纣王投降。

商纣王率领军队，一直打到了长江的下游地区，东夷部落纷纷臣服。

当商纣王凯旋之时，比干带着文武大臣，步行几十千米前往迎接。当时的民谣甚至这样唱道："商纣王江山，铁桶一般……"

然而，商纣王很快就腐化堕落了。他大兴土木，强迫奴隶为他修建宫殿，还建造了一座高高的摘星楼，整天在上面与美女、美酒相伴，朝廷笙歌，夜夜曼舞。从此，商朝的国都就改名为"朝歌"。

商纣王的种种劣迹，完全可以使人忽视他曾经的功劳，而且每一桩都少不了坏女人妲己。

商纣王有一次正和妲己饮酒，远远望见一老一少正在渡河，小的走在前面，已经过河而去；老的落在后面犹豫不前。

商纣王说："小孩骨髓旺，不怕冷；老人骨髓空，怕冷。"

妲己不信，商纣王就命士兵把两人抓来，用斧子砸开他们的腿骨让妲己看。

这条河从此被叫做"折胫河"。

比干看到商纣王的所作所为，就坦率地直谏，并带着他去太庙祭祀祖宗，给他讲历代先王的故事：先祖盘庚用茅草盖屋，武丁和奴隶一起砍柴锄地，祖甲约束自己，喝酒从来不过 3 杯，唯恐过量误国等。商纣王表面点头称是，但并不真正改过，而且越加荒淫暴虐。

商纣王不但在王宫里"流酒为池，悬肉为林"，而且还表演"真人秀"，令男女裸体而相逐其间，以此为乐。

姐己喜欢看人受虐的情景，有一种叫做"炮烙"的刑具，就是她发明的。

炮烙是用铜做成空心的柱子，在行刑的时候，先把犯人脱光衣服绑在柱子上，然后再把烧红的炭火放进铜柱子。

姐己说她有辨认腹中胎儿是男是女的本领。商纣王就抓来 100 个孕妇试验。

姐己让孕妇先坐下再站起来，然后对商纣王说："先抬左腿者是男，先抬右腿者是女。"

商纣王不信，姐己就命人当场剖腹检验。

比干看到商纣王和姐己害人取乐的场面，气得浑身发抖。他说："我是皇伯，强谏于王！"说完疾步走到了商纣王面前，直言他的错误，并且请求将姐己斩首，全门赐死！商纣王愤愤地坐在那里，一句话也不说。

比干继续说道："当年天下大灾，饿殍塞途，汤王下车抚尸而哭，自责无德。便立即开仓济贫，饥者得食，寒者得衣，天下称颂。你今天的作为与先王的仁政简直是背道而驰，若不改悔，天下就要危险啦！"

商纣王听完气得拂袖而去。

比干回到家中，请来箕子和微子商议，让他们向商纣王进谏。

第二天，箕子去劝商纣王，商纣王却将箕子的头发剪掉，把他囚禁起来。

后来，微子进谏，商纣王依然不听，微子只好抱着祖先的祭器远走他乡，到朝鲜半岛建立了自己的国家。

大臣辛甲进谏了 75 次，商纣王丝毫不改，于是投奔了周文王。

许多大臣看到商纣王已经无可救药，便纷纷弃商投周。商纣王已经落到了众叛亲离的地步。而此时，周武王率军东征已经打到了孟津，大小诸侯背叛商朝来和周会盟的有 800 多个，商王朝已是风中残烛了。

比干觉得为人臣子不能像微子那样说走就走，就是杀头挖心也得据理力争。他冒着灭族的危险，连续 3 天进宫抨击商纣王的过错。

商纣王被比干批评得无言以对，恼羞成怒地喝问："你为什么这样坚持？"

比干说："君有诤臣，父有诤子，士有诤友。下官身为大臣，进退自有尚尽之大义！"

商纣王又问："何为大义？"

比干答："夏桀不行仁政，失了天下，我王也学此无道之君，难道不怕丢失了天下吗？我今日进谏，正是大义所在！"

商纣王听到这里后勃然大怒，于是他说："吾闻圣人之心有七窍，信有诸？"说罢，命人剖胸取心。

比干毫无惧色，慷慨就戮。比干忠于朝廷、冒死苦谏的精神为后世所敬仰。后来周武王为比干封墓，赐比干的子孙为林姓。

此后，历朝历代都在立碑、建庙及封谥上大力宣扬比干，民间都把比干尊为"文财神"。

于谦甩袖管两袖清风

于谦是明朝著名的民族英雄和诗人。他 24 岁中进士，不久就担任监察御史。他为官清廉，为人耿直，明宣宗很赏识他的才能，先后破格提拔他为河南、山西巡抚。

明宣宗去世以后，9 岁的太子朱祁镇继位，就是明英宗。因皇帝年少，宦官王振专权。王振勾结内外官僚作威作福，于谦看不惯他独揽朝政，从不逢迎他。为此，王振对于谦非常忌恨。

当时外省官员进京朝见皇帝或办事，都要贿赂朝中权贵，否则寸步难行。于谦在担任巡抚从外地回京时，他的幕僚建议他买些麻菇、绢帕、线香之类的土特产孝敬权贵。于谦从来不这样做，他甩了甩两只宽大的袖管，说："我就带两袖清风！"回到家里，他还写了一首题为《入京》的七绝诗表明自己的为官态度。他在诗中写道：

绢帕麻菇与线香，本资民用反为殃。

清风两袖朝天去，免得闾阎话短长。

姜诗夫妇孝行感天动地

汉代是对孝悌非常重视的时期，东汉时期朝廷将孝廉作为选才用人的重要途径，每年或每两三年必发布"举孝廉"的功令。姜诗被推举做孝廉就是一例。

东汉时期，在广汉雒县汎乡，就是今天四川省德阳市孝泉古镇，那里住着一户人家，户主名叫姜诗。在他还小的时候父亲便去世了，只与母亲相依为命。

平日里，姜诗格外孝顺，尽心侍奉，从未让母亲忧心生过气。邻里乡亲看在眼里，都对他竖起大拇指，啧啧称赞不已。于是，姜诗侍母的孝名就在乡里传开了。

雒县有位名士叫庞盛，有一个聪明贤惠的女儿，从小教以诗书礼仪，织布裁衣，对父母也是百般孝顺。转眼也到了该出嫁的年龄，尽管上门提亲的人是络绎不绝，却都被一一拒之门外。

原来，女儿曾经对父亲立下了这样的心愿："爹爹，《孝经》说道：爱其亲而且爱他人者，谓之孝悌之德。您得为女儿找个孝顺父母的好夫君啊！"

一天，庞盛听闻了姜诗的孝名，于是，便派人去打听姜诗的为人。发现姜诗名不虚传，而且为人正直，终于捋着胡须，长长地舒了口气，放下了心

中的石头。

几经周折，姜诗和庞女结为夫妇。夫妻俩恩爱相处，过起了男耕女织的生活。过后一年，又生了一个胖小子，虽然生活苦了点，却过得是有滋有味。夫妻俩都对母亲孝顺备至，庞氏尤其精心照顾，给婆婆打洗脚水，捶背揉肩，自己也乐在其中。

转眼几年过去了，儿子渐渐长大，姜母却日渐衰老，不承想又犯了眼疾。因为生活的不便，姜母脾气暴戾起来，对媳妇就有了不满之心，加上邻里有人嫉妒，趁庞氏不在家的时候搬弄是非，姜母越发对庞氏没有好脸色。

姜诗夫妇诚惶诚恐，侍奉母亲更加小心在意，生怕惹得母亲生气。有一天晚上，姜母梦到离家六七里的江水可以医治自己的眼疾，便对儿子媳妇说起这件事。姜诗信以为真，叮嘱妻子去江中取水，不能有丝毫怠慢。

庞氏自然理解婆婆的心情，也想尽自己的一份孝心，就毫不犹豫地挑起水桶去江边担水。山边的道路艰难行走，她走了一个小时，终于来到江边，立即装满两桶水，挑回家中。她把水煮沸，晾好温度后端给婆婆。

婆婆喝了江水，觉得味道甜美，好像病也减轻了一半。于是，庞氏每天都挑着水桶，到江边去取水。虽然辛苦劳碌，但她心中十分高兴，因为婆婆的病已经慢慢痊愈，身体也比以前好了许多。

秋冬季节，天气干燥，这天姜母口渴，思饮江水，庞氏便一大早便去江中取水，而天公偏不作美，刮起了大风。风卷秋叶漫天飞舞，窗外"呼呼"作响，如虎啸猿啼，庞氏行路艰难。

庞氏迟迟未归，姜母在家口渴难耐，内心烦闷，坐卧不安，一时怒起，便对姜诗哭诉："儿啊，你看看你这个媳妇，也不体恤你老娘，看我口渴命将休矣，也慢慢腾腾地不回来，做这等忤逆不孝事的媳妇，你娶来做甚啊！今天你非得给我休了她！"

姜诗见母发怒，心里极其难受，只得好言劝慰。就在此时，庞氏正好取水回来，姜母见之便闹将起来，非要儿子将媳妇休去才肯罢休。姜诗心里虽然不舍，却不敢违了母亲心意，无奈之下将妻子逐出了家门。

庞氏性格一向温顺，然而因天气的原因遭此大变，心里自是异常委屈。只身离开家门，在街头孤独徘徊。

在这段日子里，庞氏常常回忆起点点滴滴幸福的往事，丈夫平日里的体贴与关爱，儿子的调皮与可爱，温情像闪电一样击中她的身心。然而幸福美满的家庭刹那间化为乌有，却如何割舍得了呢！

庞氏自小受到良好的教养，多年来她已经习惯于"行有不得，反求诸己"。她经过细细思量，觉得自己也有没做好的地方，才致使婆婆口渴难耐，一向孝顺的她反而生起愧疚之心。于是，她悄悄地住在了邻居大妈家中。

庞氏借用邻居家的织布机日夜纺纱织布，将布匹卖去赚得了一些钱财。然后去街市买回好吃的，让邻居大妈送回家中给婆婆食用，并且叮嘱邻居大妈说是大妈自己的。邻居大妈每天都给姜母送去好吃的，日子一久，姜母便感奇怪，追问究竟，大妈终于道出了实情。

姜母得知真相后，心中颇感惭愧，懊悔之心油然而生，便嘱托儿子将媳妇接回家。

这一天，阳光明媚，风和日丽。庞氏打扮得整整齐齐，姜诗将其迎归家中。婆婆喜笑颜开，孩子更是蹦蹦跳跳，煞是欢喜。邻里乡亲看在眼里，真是羡慕万分。打这以后，姜诗夫妇孝顺母亲更加尽心，又恢复了往日的幸福安乐。

因为家事繁忙，有时孩子便也替母亲去江中取水。哪知"天有不测风云，人有旦夕祸福"，儿子在一次取水的时候，江里突发大水，溺水身亡。

姜诗夫妇心如刀割，悲痛万分。然而面对白发苍苍的老母却又强颜欢笑，不敢提起此事，生怕老母承受不起。姜母问起孙儿，便说外出求学，暂时不能回家，庞氏外出取水如故。

日子一天天过去，姜母忧心岁月无多，常常思念吃鱼，虽然家中贫寒，但姜诗夫妇更加辛勤劳作，将所有积蓄用来买鱼，又切成细细的肉丝，烹调好后供养孝敬姜母。庞氏惦念邻居大妈，于是夫妇两人常请大妈一起过来吃鱼，好让母亲开心。

一天夜里，狂风大作，雷电交加，下了一夜的雨。第二天，庞氏起来经过院子，突然惊奇地发现地上有一个桶大的窟窿，正汩汩地往外涌着泉水，顺着墙角流出了院外。庞氏尝了尝泉水，跟六七里外的江水一个味。在泉眼旁边，又发现两条活蹦乱跳的鲤鱼，不禁喜出望外。夫妻两人对着水泉，高兴得手舞足蹈。

邻人们听到了他们的欢呼也一拥而来，对着那奇异景象，赞羡不止。年长的人说，一定是姜诗夫妇的孝心感动了天地。于是，乡邻们纷纷拿出香烛，摆设祭品，一同向天地磕头感恩。

姜诗夫妇对天拜谢："谢谢老天！我们怎么也谢不完老天的大恩哪！老天对我们太慈悲了。我们没做什么好事，怎么得到这么大的慈悯啊！"

从那时开始，每天早上都会从泉眼里跃出两条肥大的鲤鱼，供给姜诗夫妇做成佳肴来孝养母亲。庞氏也不必冒着寒暑到山边去取水了。不久，姜母的眼疾也康复如初了。

后来，社会发生动乱，农民起义也频频发生。据说赤眉军路过孝泉时，首领听说这是孝子姜诗故里，立即翻身下马，传令三军："大家别乱来，惊动了大孝之人，必然触怒老天爷，那就不吉利了！"说完，还将随身携带的米面粮食，悄悄放在姜诗家门口。姜诗夫妇认为这是不义之财，就将其掩埋了。

在东汉末年社会动乱的形势下，时有强盗出没，但孝泉因有姜诗的孝名，没有受到战乱的骚扰。

在当时，社会推行举孝廉的选官制度，姜诗就被推举做了孝廉。姜诗夫妇的孝行又传到了汉明帝那里，皇帝也深深为之感动，便颁布诏书，封姜诗做了郎中。后来，姜诗调到江阳做县令，将这个地方治理得井井有条，人民安居乐业。

姜诗夫妇的孝行，充分体现了以"忠孝"为核心的伦理道德和社会规范。姜诗去世之后，汉明帝刘庄下诏在他们的故里建祠予以表彰。凡是经过这里的达官贵人，武官下马，文官下轿，逐渐成为传统。在今天的四川孝泉，依然屹立着"三孝祠"，几经兴废，仍保存着许多历史古迹。

在姜诗夫妇的故里，世世代代受到当地老百姓的敬仰和祭祀。他们的孝行感召了一代又一代华夏子孙。

赵孝兄弟的手足之情

儒家所讲的"孝悌"，不单单是指子女对父母的孝顺供养，也包含有兄弟手足之爱。注重兄弟情是做人的根本之一。东汉时期的赵家兄弟面对危难，甘愿替死，就突出地显示出兄弟手足间至亲至爱的感情。

那是在东汉末年，有一个叫赵孝的人，是沛国蕲人，就是现在的湖北蕲春。他的父母早逝，父亲是赵普，时任王莽时的田禾将军，举孝廉为郎。

赵孝有一个弟弟叫赵礼，兄弟两个人相处得十分友爱。赵孝很照顾弟弟，家里的重活累活如砍柴、劈柴及田地里的农活等，他都是抢着干，从不让弟弟伸手。弟弟赵礼见哥哥干活累了，就拿来毛巾为哥哥擦汗，然后端水给哥哥喝。还常常劝哥哥不要累坏了身体。

赵孝知道，弟弟还小，正是长身体的时候。家里粮食不多，所以每次吃饭时，他都把干饭给弟弟吃，自己只吃些稀饭或锅巴。

有一年，由于收成不好，粮食减产歉收，饥荒严重，社会治安也很混乱。这一天，空中乌云密布，天色显得十分昏暗。一阵狂风过后，人们的心头仿佛都有一种不祥之兆。

果然，一伙强盗突然占据了宜秋山，开始四处抢掠，百姓们都慌忙逃命。在严重的饥荒灾区，饥饿已经使强盗们完全失去了理性，甚至连吃人的事情也有所耳闻。

强盗们在老百姓的家中大肆搜寻一阵，见找不出多少粮食和值钱的东西，一怒之下，他们就只好抓人。村里的人们为了躲避强盗，纷纷逃往山里。赵孝、赵礼兄弟俩也被慌乱的人群冲散了。

强盗横冲直撞，他们碰到落单的赵礼，就向他要粮食。赵礼根本拿不出粮食，于是强盗就把他捉走了。赵礼虽然身体瘦弱，但是穷凶极恶的强盗们

也不肯放过他，将他五花大绑捆起来后，绑在一棵树上，然后在旁边架起炉灶生起火来，开始烧水，准备拿赵礼来充饥。

哥哥赵孝虽然幸运地躲过了这一劫，却找不到了弟弟。他心急如焚，四处打听，后来才得知有人亲眼看见赵礼被强盗抓走了。

弟弟被掠走的消息让赵孝心如刀割。他想起父母临终前嘱咐，让他好好照顾弟弟，焦急万分，心想："我该怎么办？要是弟弟有个三长两短，可怎么对得起父母啊！我这个做哥哥的又怎么能再苟活在这个世上？弟弟是同胞骨肉，哪怕赔上自己的性命，我也要救出他。"

想到这里，赵孝就下定了决心要找到弟弟。乡亲们听说后替他担忧，有的说："强盗杀人不眨眼，你不能去呀！"有的说："现在强盗跑得无影无踪，你去哪里找呀？"

赵孝说："乡亲们不必为我担心，我一定会把弟弟救回来的！"说完，他循着强盗撤离的方向奔了过去。

赵孝救弟弟心切，很快就赶到了强盗那里，见到了被捆绑的弟弟，同时也看到旁边有一锅正呼呼冒着热气的开水。

弟弟赵礼见哥哥来了，先是一阵惊喜，随后马上就哀叹起来，埋怨哥哥说："哥哥呀！您怎么可以到这个地方来呀！这不是白白送死来了吗？"

此时赵孝也顾不上与弟弟搭话，就冲到强盗的面前，对强盗说："我弟弟是一个有病的人，而且身体也很瘦弱，他的肉一定不好吃，请你们放了他吧！"

强盗们一听大怒，气势汹汹地对赵孝说："放了他，我们吃什么？"

赵孝听强盗这样一问，就赶紧说："要你们放了赵礼，我愿意用自己的身体给你们吃，况且我的身体很好，没有病，还很胖。"

强盗们听了赵孝的这番话，一下子都愣住了。他们没有想到天下还有这样甘愿送死的人，相互震惊地对视着，一时都被这感人的场面弄得不知所措。

这时，就听见赵礼在旁边大声地喊："不行！不可以那样做的！"

一个强盗向赵礼吼道："为什么又不行了？"

赵礼哭着说："被捉来的是我，被你们吃掉，这是我自己命里注定的，和哥哥有什么关系呀？怎么可以让他去死呢？"

听罢此言，赵孝连忙扑到弟弟面前，兄弟相拥在一起，互劝对方要让自己去死，情急之下已是泣不成声。

这些无恶不作的强盗们，听着兄弟互相争死的话语，望着手足之间舍身相救的场面，被深深震慑住了。他们那冰封已久的恻隐之心，被这人间真情真义的感人场面唤醒了，也都不禁淌下了热泪。最后，强盗们自动地让开一条路，目送着兄弟两人渐渐远去。

乡亲们钦佩赵孝、赵礼的兄弟情谊，交口赞扬。附近州郡征召官员，也要求向赵氏兄弟学习，上下团结，合力当差。

后来，这件事辗转传到了皇帝那里。皇帝是一个深明仁义道德之君，他了解了赵氏兄弟的义举，又知道他们的父亲赵普曾经做田禾将军，于是下诏书封了兄弟两人官职，征召赵孝为太尉府谏议大夫，后升至侍中、长乐卫尉，又征召赵礼为御史中丞。

皇帝还把他们以德感化强盗的善行，昭示于天下，让全国百姓效仿学习。

俗话说："兄弟如手足。"面对险境，赵氏兄弟能够首先顾及对方的安危，丝毫不顾个人的凶险，足见他们的心中已深深明白，自己的身体与弟兄的身体都是父母身体的一部分，同气连枝，同体相生。

兄弟情被我国人称为手足情。手和脚一起劳碌，一同苦乐。把兄弟定位于肢体关系，是我国宗法伦理的一大贡献。赵孝兄弟面对危难，甘愿争死，是兄友弟恭的优良典范，它所体现的精神特质，是构成中华民族宗法伦理的重要因素。

王祥孝悌德行义薄云天

王祥是琅琊临沂人，一生经历了东汉末年、曹魏、晋初 3 个历史阶段，官至太尉、太保。他以孝著称，凭着"卧冰求鲤"的动人之举而被选入《二十四孝图》。

王祥很小年纪时就失去了母亲，父亲继娶朱氏为妻。自从后母进门后，王祥经历了极其坎坷的历程。后母凶悍跋扈，常在父亲跟前造谣生事，嫁祸于他，让他的父亲误解他、不爱他。而只要王祥表现不顺母意时，一定换来后母的毒打与责备，甚至提出无理要求，目的是逼他于死地。

这种日子对一个小孩而言，情何以堪。然而一切的苦，王祥不仅默默承受，而且并没有因此而顶撞父母，或怀恨后母，只是希望能有那么一天后母能接纳他。

王祥娶以了妻子后，后母仍旧不放过他，还会照常打骂他，甚至他的妻子也一并受罚。

王祥和弟弟王览的感情特别好。王览是王祥的同父异母兄弟，他非常敬爱王祥，多次暗中掩护照顾哥哥。这对王祥来说，自然是莫大的安慰。

王览才几岁时，看到哥哥被后母鞭打，就会跑过来跪在母亲跟前，哀求母亲打他或争着代哥哥罚罪。长大以后，王览时常劝母亲不要虐待哥哥。后母对王祥有不合理的要求，王览也自愿跟着王祥一起吃苦。

王祥经常干家里的脏活累活，每天起早贪黑操持家务。寒冬时节北风呼啸，滴水成冰，王祥在这样的天气也要到山里砍柴。这一天，王祥背着一大捆干柴，顶着北风，好不容易从山里打柴走回家里。刚一到家，他就觉得头疼发热，全身无力，异常难受，就躺下了。

没想到刚刚躺下，后母大步走进房内喊道："祥子，快起来，快去给我和你父亲把炕烧热！"还没有等王祥说话，后母又大喊起来，"懒猪，还不快点起来干活！"

王祥只好强打着精神起了床，按后母说的去做。这时，父亲回来了。后母立刻在王祥父亲面前诬陷道："夫君，祥子今天不知怎么回事，异常懒惰。方才我发现他没有烧炕就睡大觉了，真是岂有此理！"

父亲一听，大发雷霆。他立即叫来了王祥，不问青红皂白就训斥道："祥子，今天你不干完活就睡懒觉，到底为什么？"

"我……"王祥有口难言。平时，自己受再大的委屈，也从不顶撞父亲。

"以后再这样，看我不揍你！"父亲喝道。

王祥委屈地退了出去。

不久，后母感到心口忧闷，很不舒服。父亲叫来了郎中给后母号了脉。郎中开了药方，声称要治好这种病，只能喝鲤鱼汤才有会见效。

时值冬日，市场上根本就没有卖鲤鱼的。怎么办？大家为此都在发愁。这时，王祥二话没说，起身向村外的一条河走去。

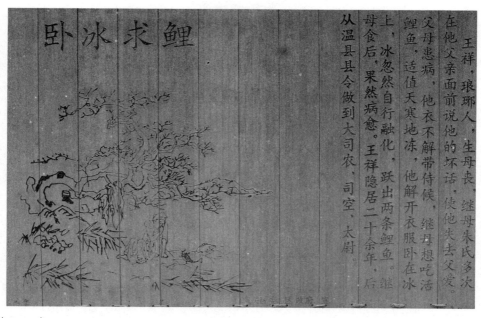

卧冰求鲤

王祥，琅琊人，生母丧，继母朱氏多次在他父亲面前说他的坏话，使他失去父爱。父母患病，他衣不解带侍候，继母想吃活鲤鱼，适值天寒地冻，他解开衣服卧在冰上，冰忽然自行融化，跃出两条鲤鱼。继母食后，果然病愈。王祥隐居二十余年，后从温县县令做到大司农、司空、太尉

"祥子，你到哪儿去？"父亲问道。

"我去村外那河上。"

"大冬天那里封冰，你去那里干什么？"

"父亲，您别管了！"

后母说："祥子肯定又是去那里玩了。你看看，要这孩子有啥用？这么多年，我看是白养了。我如今重病在身，他竟然跑出去玩，真是不孝之子！"

王祥来到河上，只见河面结了一层厚厚的冰。怎么才能弄出鱼呢？想了片刻，王祥突然脱掉了上衣，躺在冰上。王祥硬是用自己的体温融化了一块冰。他敲开变薄了的冰层，只见冰下有好多鲤鱼。他不顾天气的寒冷，伸手就抓到了两条鲤鱼。

王祥一路小跑，高兴地把鱼带回了家，刚进院子就喊道："父亲，有鱼了，有鱼了！"

"你哪来的鱼？"父亲感到莫名其妙。

王祥告诉父亲得到鱼的过程，父亲颇受感动。

王祥的孝心可以融化坚冰，却不能融化后母比坚冰还硬的心。后母又想吃黄雀肉，王祥就去张罗捕捉，据说黄雀竟纷纷自投罗网。

王家有一片李树林，到了夏天果实累累。一天夜里风雨大作，后母令王祥去守住李树，不让果实被风雨打落下来。王祥哪有这本事啊，他就抱着李树向天哭泣哀求，结果还真灵，果实硬是没有掉下一个来。王祥的孝举，在十里八村传为佳话。人们都称赞王祥是人间少有的孝子。有人写诗称赞：

继母人间有，王祥天下无；

至今河水上，一片卧冰模。

王祥的孝行也感动了朝廷，于是被推举为孝廉。此后不久，王祥的父亲去世了，这个世界上最亲的人永远地离他而去。

在王祥悲苦万分的时候，弟弟王览常来安慰他，使他感到了仅有的温暖。这时候的后母，对王祥是羡慕嫉妒恨，她想用毒酒毒死王祥。就在千钧一发间，王览发觉了，他夺过毒酒，要自己喝下去，他的母亲打掉了那杯毒酒。

一计不成，又施一计。有一天夜里，后母提刀走进王祥独睡的小屋，来暗杀王祥。结果王祥命大，正好起床上厕所，后母只是刺穿了被子。王祥从厕所回来，发现后母持刀怒视自己的被子，知道后母行刺失败，就跪在后母面前请死。

后母朱氏这时良心发现，她联想过往的一切：她想到自己一直袒护亲生儿子王览，无所不用其极地想加害王祥，儿子却又这么善良地愿意代兄死，差点将自己骨肉毒死；她想到王览、王祥的手足情，两人共患难共死生的点点滴滴；想到王祥为了给自己治病，在大冬天赤身卧冰求鱼等。

这一幕幕人间的温暖，怎能不叫她震撼，叫她悔恨呢！原本铁石心肠的后母，此刻深感羞愧，蹲下身抱住王祥大声痛哭起来。哭声惊动了王览，他走过来一看什么都明白了。于是，三人紧紧地抱在了一起。

从此以后，一家的阴霾化去了，后母待王祥百般呵护。王祥如沐春风，对后母百依百顺。王祥、王览两兄弟的感情也更加深厚了。

王祥侍奉后母时，正值东汉末年天下大乱。他曾扶母携弟避乱于庐江郡，就是现在的安徽潜山县一带，长达20余年。在此期间，有州郡邀他去做官，他都以有母在堂为由予以推辞。

20多年后，应该是已经进入曹魏时期了。后母去世，人们看见王祥居丧，哀痛欲绝，面色憔悴，形容枯槁，必须要拄根拐杖才能立起身来。

后母既逝，孝心已尽，说到出山，王祥应该再也没有理由挡驾了。徐州刺史吕虔早知王祥孝悌之德，赶忙写来一封信，叫他去当别驾从事。但王祥却说是年老耳背，胜任不了这样重要的工作。其实他是舍不得弟弟。

王览见了，一再劝说，还亲自为哥哥备好车马。直至这时，王祥才应召上路。

吕虔对王祥特别信任，几乎把州中大小事务全部委任给他来处理。当时，徐州境内盗贼蜂起，王祥上任的第一件事就是打击这些盗贼，经过一番密集的打击，境内的盗贼全部被肃清。史书用"州界清静，政化大行"来形容王祥所取得的政绩。

当地老百姓更是用歌谣来称颂王祥：

> 海沂之康，实赖王祥。
>
> 邦国不空，别驾之功。

海沂，即徐州，徐州境内有一条沂河流过，故有此名。歌谣的意思是，徐州的安宁和仓廪充实，都有赖于王祥的功劳。

254 年，继司马懿之后掌权的司马师废掉了曹魏的第三任皇帝曹芳，立年仅 14 岁的高贵乡公曹髦为皇帝。不久，司马师暴死，其弟司马昭继续独掌大权。

这时，王祥已经迁太常之职，封万岁亭侯。王祥是当时社会的道德偶像，曹髦需要的是这个偶像的力量，于是任命王祥为三老，专掌教化。凭着资历、声誉和祖父般的年纪，王祥成为帝王师，可以随时训导曹髦。

王祥初任官时，一位权位极高的朝廷老臣非常肯定王祥的德范，赠送一把追随多年的镇家宝剑送给他，告诉他这把宝剑将带来一家无比的吉祥与兴旺，并深深地期勉王祥。

王祥知道此剑是无价之宝、吉祥宝剑，他并没有自己珍藏，而是赶紧转送给弟弟王览，并将老者的期许转告了弟弟。

三月不违仁

王祥的弟弟王览也当了官，两人在朝中各有建树。两人一生当中一路走来，患难与共，相互扶持、相互照顾、相互安慰、相互提携；而且两兄弟都非常长寿，都活到八九十岁，这大概就是兄弟相亲的缘故吧。

兄弟俩的后裔子孙也非常贤能有德，几代兴盛不衰，而且皆为朝廷栋梁。真的是应验了"积善之家，必有余庆"的古训。

三月不违仁